¡Transformado!

David Mayorga

Published by

SHABAR PUBLICATIONS

La mayoría de los productos de Shabar Publications están disponibles con descuentos por cantidad especial para compras al por mayor para promociones de ventas, recaudación de fondos y necesidades educativas. Para más detalles, escriba Shabar Publications a mayorga1126@gmail.com.

¡Transformado! *por David Mayorga*

Publicado por Shabar Publications
3833 N. Taylor Rd.
Palmhurst, Texas 78573
www.shabarpublications.com
www.masterbuildertx.com

Este libro o partes del mismo no pueden reproducirse de ninguna forma, almacenarse en un sistema de recuperación o transmitirse de ninguna forma por ningún medio (electrónico, mecánico, fotocopia, grabación o de otro tipo) sin el permiso previo por escrito del editor, excepto según lo dispuesto por la ley de derechos de autor de los Estados Unidos de América.

A menos que se indique lo contrario, todas las citas de las Escrituras son de las versiones Reina Valera version 1960 y Nueva Version Internacional. Usado con permiso.

Portada creada por David Mayorga.

Traducido por Jessy Hernandez

Copyright @ 2022 by David Mayorga
Todos los Derechos Reservados.

ISBN: 978-1-955433-03-7

Tabla de Contenido

Prefacio 4

Introducción 11

Capítulo 1: ¡Nacido de Arriba (del Espiritu)! 18

Capítulo 2: ¡Hay Poder en la Sangre de Jesus! 26

Capítulo 3: ¡Una Vida Perdonada! 41

Capítulo 4: ¡Una Vida Crucificada! 49

Capítulo 5: ¡Una Vida Resucitada! 58

Capítulo 6: ¡Marcado Por Dios! 68

Capítulo: 7: ¿Estás Disponible? 76

Capítulo 8: ¡El Ministerio del Quebrantamiento! 87

Capítulo 9: ¡El Don de la Fe Desatada! 96

Capítulo 10: ¡Poder Atómico! 105

Capítulo 11: ¡Que Se Haga Tu Voluntad Oh Señor! 117

Capítulo 12: ¡En Caso de Inundaciones! 127

Prefacio

Yo recuerdo haber conocido al hermano David como si fuera ayer, nosotros charlamos mientras estuvimos en una conferencia de hombres en el centro de Florida. Algunos meses antes de la conferencia, recibí una copia de su libro titulado 'Los Pocos' lo leí enseguida. Y esto me confirmó la verdad, entonces el Espíritu Santo comenzó a revelarse a mí - ¡Mi fe se extendió a lo grande! Fue en la última noche de la conferencia cuando David habló, que el poder de Dios lleno el lugar y toco a cada hombre que se encontraba ahí presente. Mientras nos estábamos preparando yo hablaba con el sobre el instituto bíblico que inició en Texas. Y le dije. - Me encantaría venir a tu instituto y aprender de ti.'

Después él se volvió hacia mí y dijo algo que en ese momento me parecía loco y hasta imposible, Él dijo 'Jeremiah esto no es para que vengas a mi instituto; Vas a comenzar tu propio instituto bí-

Prefacio

blico e incluso escribirás tus propios materiales de formación.

Bien aquí estoy, casi cinco años después, está sucediendo, esas palabras proféticas que él hablo a mi están pasando frente a mis ojos, en verdad el hermano David es una de las personas más humildes y auténticas que he tenido el privilegio de conocer. Usted debería ser sabio y prestar atención a lo que él tiene que decir.

"Porque no me avergüenzo del evangelio, pues es el poder de Dios para la salvación de todo el que cree." (Romanos 1:16)

Este versículo es uno de los favoritos para millones de creyentes en todas partes. Lo encontramos en playeras, estampas y en todas las redes sociales, sin embargo, y a pesar de esto muchos no logran experimentar el poder; y es que verdaderamente el poder de Dios es el que hace un cambio y nos transforma - Para que po-

Prefacio

damos complacerlo.

Puedo decir que era un desastre cuando conocí a Jesús, estaba sin hogar y había sido un adicto a la heroína durante dieciocho años, mi corazón estaba lleno de coraje, envidia amargura, era alguien manipulador y adicto al sexo, pero en la cima de todo esto se encontraba que yo era un enemigo de Dios.

Lo culpé por hacerme como era, seguro yo había escuchado el evangelio cientos de veces, crecí en un hogar cristiano, hice las oraciones, levante las manos y siempre tuve la seguridad de mi salvación. - Pero, nunca experimenté el poder de Dios, aquel poder que podía transformarme.

¿Podría leer el último párrafo de nuevo? ¿Logra ver cuál era mi problema? No eran las drogas y tampoco lo era la falta de fe en Dios. No puedes estar enojado con alguien que no crees que exista.

Prefacio

Mi revelación de Dios había cambiado todo, era 'Yo' ¡ese era el problema! Un día me desperté y me di cuenta de esto, fue en ese momento y allí que clamé a Dios sabiendo que si no intervenía para cambiarme, iba a morir, adicto a las drogas, solo y sin esperanzas. Ahí es cuando todo cambio, allí mismo, debajo del paso elevado de la autopista, me encontré con Jesús El Hijo del Dios viviente, desde ese entonces mi vida jamás volvería a ser igual. Ese fue el día que morí, me negué a mí mismo, tome mi cruz y comencé a seguir a Jesús.

Sin embargo, esto no fue solo un día. Yo tuve que elegir de forma intencional todos los días siguientes hacer lo mismo y dejar atrás mis antiguos patrones de pensamiento, ahora ya no podía confiar en mis sentimientos, y tuve que dejar que la cruz de Cristo destruyera mi naturaleza egocéntrica todos los días, tuve que renovar mi mente poniéndome de acuerdo con lo que Jesús enseñó. Lo que Jesús dijo siempre es correcto, lo

Prefacio

creyera yo o no; y sus caminos eran los mejores aun si pudiera hacer lo que El mandara o no. Fue en este lugar donde finalmente supe que no podía lograr realizar todo lo que me había mandado, porque solo Él podría hacer estas cosas con el poder de su espíritu trabajando a través de mí.

Me encontraba lleno con una nueva hambre por las cosas de Dios y tuve que permitir que atravesara los lugares más profundos y oscuros de mi corazón, tuve que permitir y cultivar la vida resucitada de Jesús crecer en mí.

Las palabras del apóstol Pablo finalmente tomaron sentido para mí "Con Cristo he sido juntamente crucificado; y ya no vivo yo sino que Cristo vive en mí. Lo que ahora vivo en la carne, lo vivo por la fe en el Hijo de Dios quien me amó y se entregó a sí mismo por mí".

Nací de nuevo y ahora sé que todo era real, y

Prefacio

sé que era real porque todo en mi comenzó a cambiar

¿Ha experimentado este poder en su vida? Quizá lo haya hecho pero ahora se siente estancado, como si el fuego no estuviera tan caliente como antes. Tal vez no lo haya hecho (experimentado este poder), pero está buscando respuestas y/o buscando la verdad. Probablemente estés experimentando el poder de Dios justo ahora, pero ¿Tiene muy poca comprensión práctica de cómo cultivarlo?

Piense acerca de esto: De todos los libros que usted pudiera leer en este instante ¿Por qué elegir este? Puedo decirle con completa seguridad que no fue solo una casualidad esto fue más bien un designio divino, pensó que eligió este libro, pero la realidad es que fue escogido para leer este libro.

Al leer la revelación del hermano David, comen-

Prefacio

zará a sentir el espíritu de Cristo llamándolo

- ¡Creo que ya lo siente!

Le puedo decir con total confianza que hay más en Jesucristo de lo que posiblemente jamás hubiera imaginado. No permita conformarse con un evangelio sin el poder de cambiarle.

Jesús murió por todos, para que los que reciben Su nueva vida ya no vivan para sí mismos; en cambio, ¡vivirán para él que murió y resucitó por ellos!

Gracia para todos por Jesucristo Nuestro Señor,

    -Apóstol Jeremiah Swartz, Kingdom Tribe
    Stanwood, WA

Introducción

Cuando comencé a desplegar este manuscrito, una pregunta parece siempre llamarme la atencion y estar al frente en cuanto a la experiencia Cristiana. Mi pregunta es ¿Qué tan salvo es usted? Tal vés usted se pregunte qué significa esto. Pues bien, esto significa cuán verdadera, profunda o real es su experiencia en cuanto al nuevo nacimiento.

Yo creo que su primera experiencia al nacer de nuevo es muy reveladora o al menos le mostrará grandes cosas acerca de cómo será su caminar en Cristo. Si usted vive una experiencia fuerte, intensa, una experiencia que esté profundamente arraigada en su ser más íntimo, es probable que tenga la mentalidad adecuada para superar las pruebas de una forma más sencilla que aquella persona que no lo experimento de la misma manera.

Introducción

Puedo decir que demasiada gente ha tomado la decisión de seguir a Cristo sin tener una experiencia real acerca del nuevo nacimiento. Repitieron las oraciones, realizaron los votos, sin embargo, nunca se han identificado con la muerte y resurrección de Cristo, ellos prefirieron mirar la cruz, pero nunca se atrevieron a subirla, con motivo de ser juntamente crucificados con Cristo.

Si una persona que ha realizado la promesa de seguir a Dios, pero no es lavado en la sangre del Cordero para el perdón de sus pecados, y además no quiere subir a la cruz y morir a todos sus deseos carnales, esa persona encontrará el caminar con Dios muy difícil y no entrará a la vida de abundancia que Jesús promete.

¿Cómo Luce Una Vida Cristiana Vacía?

Las personas que han alcanzado algún tipo de religión pero no han logrado entrar en el poder de Dios siempre se están quedando atrás. No

Introducción

vienen a la iglesia, porque no ven la necesidad de ser alimentados. ¿Cuál es la razón? La razon básicamente seria, ¡no tienen apetito!

Cuando un bebé nace, normalmente comenzará a llorar debido al hambre. Cuando una persona nace de nuevo por el Espíritu de Dios, una buena señal de que tiene vida es que él o ella están realmente ¡hambrientos!

Otro rasgo de una persona que ha experimentado a Dios, es que no es necesario ir tras el; sino que la persona sola comienza a invertir en el reino de Dios: compran una biblia, la leen y lo más importante ¡la viven! Y todo esto sucede sin que nadie les diga que hacer.

Otra pieza clave es esto: Las personas que verdaderamente han nacido de nuevo, dejan de lloriquear, quejarse y criticar. Están demasiado ocupados conociendo a Dios, que no tienen tiempo para mantenerse al día con la persona que

Introducción

está a su lado y sus preocupaciones.

Antes de concluir con esta introducción me gustaría dar a conocer que las personas cuya experiencia con Dios no ha sido real, tienden a luchar siempre con las fuerzas espirituales. Se mantienen atrapados entre espíritus demoníacos y se concentran mas en perseguir a los demonios que descuidan al mismo diablo.

Una de las cosas que he observado en creyentes que verdaderamente han nacido de nuevo, es la ganancia de una identidad en Dios. Ellos descubren inmediatamente quienes son en Dios y comprenden rápidamente cuanta autoridad Dios les ha otorgado y como utilizarla en realidad. Ellos ya no están siendo empujados; ni lanzados de un lado a otro por nadie.

Un creyente que en verdad nació de nuevo es capaz de mirar su futuro y no temerle; ellos conocen a Dios, se conocen a sí mismos y saben

Introducción

exactamente lo que Dios espera de sus vidas.

¡La Perla de Gran Valor!

"También el reino de los cielos es semejante a un mercader que busca buenas perlas, que habiendo hallado una perla preciosa, fue y vendió todo lo que tenía, y la compró." (San Mateo 13: 45-46)

Si su experiencia con Dios no le cuesta nada, déjeme comentarle que lo más probable es que dentro de usted tampoco este sucediendo nada. Hay aquí un misterio en Dios - cuando encontramos algo valioso (en este caso sería Jesucristo) nos va a costar todo para conseguirlo.

En el caso que usted no haya vendido toda su vida para obtener a Cristo, tengo mis dudas acerca de que viva la vida abundante de la que habla Jesús en Juan 10:10. Posiblemente pueda tener una religión externa o convertirse en un

Introducción

miembro de su iglesia, pero no conoce a Cristo Jesús El Rey y la vida que Él le ofrece.

Escuche la historia de nuevo: un mercader que buscaba perlas hermosas encontró una perla. Entonces, ¿Qué hizo para adquirirla? El vendió todo lo que tenía - y compro la perla. Lo que quiero decir es que no tendrá a Cristo hasta que suelte ¡lo que es valioso para usted! En otras palabras, a menos que permita a Dios tomar sus posesiones más preciadas; si esto no es así, me temo que nunca experimentará la vida que Dios tiene para usted.

Para poder experimentar el poder del mundo venidero, uno debe entregar no una parte sino toda su vida a Cristo; debe permitir que el espíritu de Dios entre en su vida y tome el control. El poder del mundo venidero no es religión y ciertamente tampoco es un sentimiento. El poder del mundo venidero es un estilo de vida guiada por el Espíritu de Dios.

Introducción

Para ser capaz de caminar en esta dimensión de victoria continua, debe permitir que el Espíritu Santo sea su guía, ya que sólo Él conoce los caminos de Dios. El Espiritu Santo es la mente de Dios.

Una vez que el Espíritu de Dios entra en usted, Él le dirigirá. ¡El Espíritu no viene a hacerse conforme a nuestro estilo de vida; El viene a llevar nuestras vidas hasta el nivel donde Cristo Jesús esta! O sea, hacernos conforme a la persona de Jesus. El nos guiará a toda la verdad y nos mostrará el corazón y la mente de Dios todos los días.

Algo que es especial aquí es lo siguiente: una vez que el Espíritu de Dios habita dentro de nosotros, nos proporcionará gobierno; algo importante también es que, ¡nunca más estaremos solos, ni estaremos confundidos! porque Dios nos mantendrá en perfecta paz.

Capítulo 1

¡Nacido de Arriba (del Espíritu)!

Había un hombre de los fariseos que se llamaba Nicodemo, un hombre importante entre los judíos. Éste vino a Jesús de noche, y le dijo: Rabí, sabemos que has venido de Dios como maestro; porque nadie puede hacer estas señales que tú haces, si no está Dios con él. Respondió Jesús y le dijo: De cierto, de cierto te digo, que el que no nace de nuevo, no puede ver el reino de Dios." (Juan 3: 1-3)

Quiero comenzar este capítulo diciendo que a menos que una persona haya nacido del Espíritu, no solo le será difícil sino que le será imposible caminar en el camino de Cristo. Básicamente, el poder que se necesita para agradar a Dios, se encuentra en el milagro del renacimiento (nacer del Espíritu de Dios.) Sin esta experiencia, vivir para Jesús, se convertirá en una verdadera pe-

Capítulo 1: ¡Nacido de Arriba (del Espíritu)!

sadilla.

Conociendo Que Ha Nacido de Nuevo

Ahora, descubramos con más detalle lo que significa nacer de nuevo; o sea lo que realmente significa nacer del espíritu tal como Jesús le explicó a Nicodemo en Juan 3.

Nacer de nuevo significa que el Espíritu Santo de Dios ha venido a habitar dentro de usted. Él ha venido a hacer de usted Su hogar porque usted se ha arrepentido de sus pecados y se ha lavado en la sangre de Cristo Jesús. A menos que el arrepentimiento ante Dios y el lavamiento de su pecado mediante la sangre de Jesús se haya realizado, debo decirle que su vida permanecerá separada de un Dios santo.

Si una persona en algún lugar o en algún momento se arrepiente y se lava a sí mismo en la preciosa sangre de Cristo para después invitar al

Capítulo 1: ¡Nacido de Arriba (del Espíritu)!

Espíritu Santo que venga y habite en su corazón, aceptando a Jesucristo como Su Señor y Salvador, este individuo habrá entrado en el reino de Dios.

El Poder de Una Nueva Vida

Tan pronto como una persona abra su corazón al Señor y le invite a venir y habitar en su corazón, la vida de Dios y el aliento de Dios descenderá sobre él. Esto es algo impactante y poderoso, pues esta vida es la vida misma de Dios que vive ya en ti y através de ti. ¡Sorprendente!

La vida misma de Dios se puede experimentar y sentir; también en muchas ocasiones incluso se puede ver en el rostro de las personas. Donde solía haber tristeza ahora hay alegría, donde solía haber esclavitud ahora hay libertad, y donde solía haber vergüenza y culpa, ahora solo hay seguridad.

Capítulo 1: ¡Nacido de Arriba (del Espíritu)!

Todo esto es el comienzo de la nueva vida para el ser humano, cuando el espíritu de Dios habita dentro de el

¡No Hace Falta Que N adie Se Lo Diga!

Con algunos de los cambios comunes, también llega el poder de convicción. Las cosas que solíamos hacer ya no se encuentran en la cima de nuestra lista de prioridades. Ya no existe la necesidad de hacer ciertas cosas para agradar a nadie o hacerlas por placer propio. Ahora las cosas son diferentes.

Y para hacer esto mas interesante todavia, las cosas que solíamos amar, ahora las odiamos, - y las cosas que solíamos odiar, ¡ahora las amamos! Todo esto es posible gracias a nuestro nuevo nacimiento en el reino de Dios.

¡Busque las Cosas de Arriba!

Capítulo 1: ¡Nacido de Arriba (del Espíritu)!

"Ya que han resucitado con Cristo, busquen las cosas de arriba, donde está Cristo sentado a la derecha de Dios. Concentren su atención en las cosas de arriba, no en las de la tierra." (Colosenses 3:1-2)

¡Es natural que si hemos nacido del cielo, busquemos las cosas que son de cielo! Esto tiene sentido para mí.

Ahora, aquí el Apóstol Pablo nos hace una importante observación cuando menciona - "Ya que han resucitado con Cristo."

¿Qué quiere decir esto? Esto significa que si ha entregado su vida a Cristo y ahora también ha resucitado con Cristo, busque (o extienda su mano) hacia las cosas de Cristo. (Cosas celestiales, ideas, conceptos, principios, etc.) Cosas que pertenecen al plan de Dios y a Cristo mismo.

Capítulo 1: ¡Nacido de Arriba (del Espíritu)!

Lo segundo que el apóstol Pablo demanda, es enfocar toda nuestra atención en las cosas del cielo. En este pensamiento, lo que el Apostol Pablo realmente está diciendo, es que el creyente se concentre e "incline" hacia pensamientos o ideas celestiales. Finalmente, Pablo hace una clara distinción entre las cosas celestiales y las cosas terrenales.

Las cosas terrrenales son cosas que pertenecen al hombre carnal, como pensamientos, ideas, filosofías y conceptos para engrandecerse a sí mismo. Este es el deseo del Apóstol Pablo - que el hombre cambiado, elija las cosas y el amor de Dios de manera voluntaria, y no a través de la fuerza, la culpa o el miedo.

Recuerde que fueron estas cosas (las cosas terrenales) que nos mantuvieron en esclavitud, culpa, vergüenza y desgracia. El Apostol Pablo nos sugiere mantenernos alejados de esto.

Capítulo 1: ¡Nacido de Arriba (del Espíritu)!

¿Ha Perdido Algo?

Aquí hay un hecho muy interesante que me gustaría que captara: Cuando perdemos el contacto con Dios o nuestra frescura en la unción del Espíritu Santo y cuando leer la biblia y pasar tiempo en oración se convierte en algo complicado, o cuando pasar tiempo en adoración ante Dios parece largo y aburrido, - ¡Esta es una señal de que hemos perdido algo!

No se deje engañar por su propio corazón (Abdías 1:3) y tampoco se deje engañar por sus propias emociones (Salmos 103:1; 2 Samuel 12:20), ya que ambos dependen de su voluntad de tocar a Dios.

Usted puede alinear su corazón con el corazón de Dios si realmente lo desea; usted también puede someter sus emociones a Dios. Recuerde que su alma no tiene la autoridad para dominarle – permita que el Espiritu de Dios le diriga.

Capítulo 1: ¡Nacido de Arriba (del Espíritu)!

Una señal segura de que nos hemos apartado de El Espíritu de Dios, es nuestra tendencia de querer ser entretenidos. En lugar de ser encendidos por Su fuego, buscamos el fuego en algo mas. En lugar de encontrar paz y gozo en el Espíritu Santo, buscamos diversión y juegos en un espíritu mundano. Como dijo el gran difunto Leonard Ravenhill, *"Solo necesitamos entretenimiento cuando hemos perdido el gozo del Señor. Si tenemos gozo en el Señor, no necesitamos entretenimiento; y si no tenemos gozo, anhelamos ser entretenidos."*

Nacer de arriba (del Espíritu) no es algo que uno intelectualmente escoge hacer; no, nacer de arriba (del Espíritu) es por invitacion de parte de Dios. Este es un lugar espiritual donde uno escoje entrar. Esto es muy sencillo: La persona nace de arriba (por el Espiritu de Dios) o no nace.

Capítulo 2

¡Hay Poder en la Sangre de Jesús!

Si hay una cosa que debe saber sobre su experiencia con Cristo, es lo siguiente: Ha nacido en un campo de batalla ¡Esta maravillosa experiencia que ha tenido lugar dentro de usted ahora está siendo monitoreada en el infierno!

Debe saber también que el diablo odia las creaciones de Dios y cualquier cosa que Dios intente producir será desafiada por los poderes de las tinieblas.

Lo que la mayoría de los creyentes no se dan cuenta, es que el diablo no está jugando. El no se está burlando con dandole un simple dolor de cabeza para solo complicarle la vida.

¡Amigo mío la batalla contra el enemigo es mucho más seria que esto! Por favor, quiero que

Chapter 2: ¡Hay Poder en la Sangre de Jesús!

entienda que la batalla es real en la agenda de Satanás. ¡Su prioridad es hacer todo lo que esté a su alcance para detener el plan y el propósito de Dios EN usted y ALREDEDOR de usted!

¡Eso Sucedió en el Jardín!

"Expulsó, pues, al hombre y puso querubines al oriente del jardín de Edén, y una espada incandescente que se movía en toda dirección, para guardar el camino al árbol de la vida." (Génesis 3:24)

En el libro de Génesis capítulo 3, encontramos la caída del hombre. En este capítulo se describe la forma en que el hombre cayó en pecado ante Dios. Todos hemos leído la historia, estoy seguro, cuando el hombre peca, Dios aparece inmediatamente. Él pide cuentas al hombre y el hombre es juzgado por los pecados cometidos. Esta es la orden del Señor.

Chapter 2: ¡Hay Poder en la Sangre de Jesús!

Después de que Adán, Eva y la serpiente son juzgados, Dios los envía fuera del Jardín de Edén como una forma adicional de juicio. Él los envía a descubrir cómo es la vida por sí mismos a través de su propia habilidad y fuerza.

¡El plan de Dios es restaurar al hombre a sí mismo y traerlo de regreso al Jardín, el lugar que se podría decir que literalmente es el cielo en la tierra!

En el Jardín del Edén es donde el hombre encontró su propósito para vivir. Fue aquí donde el hombre recibió la preciosa promesa relacionada con las bendiciones de la vida eterna y la prosperidad para siempre, aunque bueno todo esto por supuesto, ¡hasta que la serpiente sedujo a la humanidad y todos los planes de Dios se detuvieron!

El jardín del Edén es más que un lugar geográfico, es un estado espiritual al que el hombre llega a través de la fe en Jesucristo. Solo por fe alguien puede comprender esto y entrar en el Edén. En el nuevo testamento, nosotros lo llamamos el reino de Dios.

¡La Vida de Jesús Restaura!

Sabiendo que Jesús vino del cielo con el propósito de restaurar a los hombres de nuevo al cielo (es decir al Eden,) entonces el plan de Satanás era evitar que el hombre llegara a la puerta que lo llevaría de vuelta a Dios.

Desde el día de su nacimiento, estuvo en la agenda del diablo impedir que Jesús llevara a cabo su misión de liberar al mundo del poder del pecado y la muerte.

En Mateo 4, el diablo intenta engañar a Jesús para que coma pan mientras ayuna. Él también hizo el esfuerzo de hacer que Jesús saltara de un pináculo y por si eso no fuese suficiente, el diab-

Chapter 2: ¡Hay Poder en la Sangre de Jesús!

lo también trató de que Jesús lo adorara. ¡Ninguno de estos métodos y/o intentos de hacer que Jesús desobedeciera al padre funcionó!

¿Por qué el diablo atacó a Jesús con tanta fuerza? El ataque fue hecho con toda la intención para hacer que Jesús cayera en el pecado de desobediencia, haciendo que su vida fuera impura al Padre y si Su vida fuese así, entonces Jesús no sería el sacrificio perfecto para Dios, si no que su vida sería como la de cualquier otro hombre, descalificado e incapaz de salvarnos.

La buena noticia aquí es que Jesús no cayó ante las artimañas del diablo, sino que venció y se convirtió en el Salvador del mundo. Fue a través de su sangre derramada en la cruz del Calvario que encontramos la justificación y la aceptación ante un Dios Santo, La sangre nos hizo limpios y puros de todo nuestros pecado y nos condujo de regreso al jardín (del Edén.)

Chapter 2: ¡Hay Poder en la Sangre de Jesús!

El Poder de la Sangre

"Porque la vida de la carne en la sangre está, y yo os la he dado para hacer expiación sobre el altar por vuestras almas; y la misma sangre hará expiación de la persona." (Levitico 17:11)

La sangre de Jesús fue derramada por mi vida. Por Su sangre he entrado en el reino de Dios como un vencedor.

Escuche todos los beneficios que obtenemos en Su preciosa sangre:

Mi Deuda Está Pagada Para Siempre.
"Así también Cristo fue ofrecido una sola vez para llevar los pecados de muchos; y aparecerá por segunda vez, sin relación con el pecado, para salvar a los que le esperan." (Hebreos 9:28)

Soy Justificado
"Y ahora que hemos sido justificados por su

sangre, ¡con cuánta más razón, por medio de él, seremos salvados del castigo de Dios!" (Romanos 5:9)

Soy Perdonado
"En él tenemos la redención mediante su sangre, el perdón de nuestros pecados, conforme a las riquezas de la gracia." (Efesios 1:7)

Soy Salvo de la Ira de Dios
"Y ahora que hemos sido justificados por su sangre, ¡con cuánta más razón, por medio de él, seremos salvados del castigo de Dios!" (Romanos 5:9)

Estoy Siendo Sanado Espiritualmente. *Un día incluso mi carne será reemplazada por un cuerpo incorruptible.*
"Él mismo llevó nuestros pecados en su cuerpo sobre el madero, para que nosotros, estando muertos a los pecados, vivamos a la justicia. ¡Por su herida habéis sido sanados!" (1 San Pedro 2:24)

Chapter 2: ¡Hay Poder en la Sangre de Jesús!

Estoy Espiritualmente Vivo.
"Jesús les dijo: De cierto, de cierto os digo: Si no coméis la carne del Hijo del Hombre, y bebéis su sangre, no tenéis vida en vosotros." (San Juan 6:53)

Mi juicio se ha Cumplido y Estoy en Paz con Dios
"Él fue traspasado por nuestras rebeliones, y molido por nuestras iniquidades; sobre él recayó el castigo, precio de nuestra paz, y gracias a sus heridas fuimos sanados." (Isaías 53:5)

La Sangre de Su Pueblo Israel Será Limpiada
"¿Perdonaré la sangre que derramaron? ¡Claro que no la perdonaré!» ¡El Señor hará su morada en Sion!" (Joel 3:21)

Yo Tengo el Poder Para Vencer al Enemigo.
"Ellos lo han vencido por medio de la sangre del Cordero y por el mensaje del cual dieron testimonio; no valoraron tanto su vida como para

Chapter 2: ¡Hay Poder en la Sangre de Jesús!

evitar la muerte." (Apocalipsis 12 11)

Ya No Estoy Bajo la Maldición de la Ley.

"Cristo nos redimió de la maldición de la ley, hecho por nosotros maldición (porque está escrito: Maldito todo el que es colgado en un madero.)" (Gálatas 3:13)

He Sido Recuperado del Enemigo

"En él tenemos redención por su sangre, el perdón de pecados según las riquezas de su gracia." (Efesios 1:7)

Ya No Soy Ajeno al Pacto de la Promesa

"En aquel tiempo estabais sin Cristo, alejados de la ciudadanía de Israel y ajenos a los pactos de la promesa, sin esperanza y sin Dios en el mundo. 1 Pero ahora en Cristo Jesús, vosotros que en otro tiempo estabais lejos, habéis sido hechos cercanos por la sangre de Cristo." (Efesios 2:12- 13)

Chapter 2: ¡Hay Poder en la Sangre de Jesús!

El Acta Final de Expiación Pública se ha Realizado en Mi Nombre

"Porque la vida de la carne en la sangre está, y yo os la he dado para hacer expiación sobre el altar por vuestras almas; y la misma sangre hará expiación de la persona." (Levítico 17:11)

He Sido Movido del Reino de los Enemigos al Reino de Dios.

"Desarmó a los poderes y a las potestades, y por medio de Cristo los humilló en público al exhibirlos en su desfile triunfal." (Colosenses 2:15)

He ganado el Favor Inmerecido de Dios

"En él tenemos redención por su sangre, el perdón de pecados según las riquezas de su gracia." (Efesios 1:7)

He Sido Declarado Justo

"Cristo no cometió pecado alguno; pero por causa nuestra, Dios lo hizo pecado, para hacernos a nosotros justicia de Dios en Cristo." (2

Corintios 5:21)

He sido Justificado - *Como Si Nunca Hubiera Pecado -*
"Pero por su gracia son justificados gratuitamente mediante la redención que Cristo Jesús efectuó. Dios lo ofreció como un sacrificio de expiación[b] que se recibe por la fe en su sangre, para así demostrar su justicia. Anteriormente, en su paciencia, Dios había pasado por alto los pecados." (Romanos 3: 24. 25)

Puedo Acercarme a Dios
"Pero ahora en Cristo Jesús, vosotros que en otro tiempo estabais lejos, habéis sido hechos cercanos por la sangre de Cristo." (Efesios 2:13)

Puedo Participar en la Dulce Comunión de la Remembranza de Su Sacrificio.
"De igual manera, después que hubo cenado, tomó la copa, diciendo: Esta copa es el nuevo pacto en mi sangre, que por vosotros se derra-

ma." (San Lucas 22:20)

Mi Redención Nunca Perecerá
"Sabiendo que fuisteis rescatados de vuestra vana manera de vivir, la cual recibisteis de vuestros padres, no con cosas corruptibles, como oro o plata, Sino con la sangre preciosa de Cristo, como de un cordero sin mancha y sin contaminación." (San Pedro 1: 18-19)

Jesús Testifica en Mi Nombre que Estoy Limpio
"Y de parte de Jesucristo, el testigo fiel, el primogénito de la resurrección, el soberano de los reyes de la tierra. Al que nos ama y que por su sangre nos ha librado de nuestros pecados." (Apocalipsis 1:5)

Soy Libre
"Cristo nos libertó para que vivamos en libertad. Por lo tanto, manténganse firmes[a] y no se sometan nuevamente al yugo de esclavitud." (Gálatas 5)

Chapter 2: ¡Hay Poder en la Sangre de Jesús!

Estoy Protegido del Juicio.

Vosotros responderéis: Es la víctima de la pascua de Jehová, el cual pasó por encima de las casas de los hijos de Israel en Egipto, cuando hirió a los egipcios, y libró nuestras casas. Entonces el pueblo se inclinó y adoró." (Éxodo 12: 27)

Estoy Libre de una Conciencia Contaminada por la Culpa.

"Acerquémonos con corazón sincero, en plena certidumbre de fe, purificados los corazones de mala conciencia, y lavados los cuerpos con agua pura." (Hebreos 10: 22)

Ya No Estoy Condenado

"Por lo tanto, ya no hay ninguna condenación para los que están unidos a Cristo Jesús." (Romanos 8:1)

He Sido Separado del Mundo y Declarado Sagrado Completamente para Dios.

Chapter 2: ¡Hay Poder en la Sangre de Jesús!

"He sido crucificado con Cristo, y ya no vivo yo, sino que Cristo vive en mí. Lo que ahora vivo en el cuerpo, lo vivo por la fe en el Hijo de Dios, quien me amó y dio su vida por mí." (Gálatas 2:20)

Puedo Proclamar Victoria Total
"Ellos lo han vencido por medio de la sangre del Cordero y por el mensaje del cual dieron testimonio; no valoraron tanto su vida como para evitar la muerte." (Apocalipsis 12:11)

Puedo Entrar con Valentía en el Lugar Santísimo y Vivir.
"Así que, hermanos, mediante la sangre de Jesús, tenemos plena libertad para entrar en el Lugar Santísimo, por el camino nuevo y vivo que él nos ha abierto a través de la cortina, es decir, a través de su cuerpo; y tenemos además un gran sacerdote al frente de la familia de Dios. Acerquémonos, pues, a Dios con corazón sincero y con la plena seguridad que da la fe, interiormente purificados de una conciencia cul-

pable y exteriormente lavados con agua pura." (Hebreos 10:19-22)

Tengo Más Revelación de Quién es Dios.
"El cual, siendo el resplandor de su gloria, y la imagen misma de su sustancia, y quien sustenta todas las cosas con la palabra de su poder, habiendo efectuado la purificación de nuestros pecados por medio de sí mismo, se sentó a la diestra de la Majestad en las alturas." (Hebreos 1:3)

Para terminar este capítulo, me gustaría hacerle saber que al entrar en Cristo, tenemos todo para ganar.

¡Nosotros debemos por fe, apropiarnos de Su preciosa sangre y caminar en Su poder!

Capítulo 3

¡Una Vida Perdonada!

Si hay algo de lo que debemos darnos cuenta acerca del caminar con Dios, es que en nuestra vida siempre estamos progresando.

Estamos progresando continuamente en la revelación de Dios y todo lo que Él desea mostrarnos es que nos volvamos más íntimos con Él.

Veamos las diferentes etapas de madurez espirituales que Dios nos ha traído con Su gran sacrificio en la cruz del Calvario.

Para comenzar, el creyente debe darse cuenta, ante todo, que Dios ha perdonado todos sus pecados; esto es muy importante ya que es la clave para el crecimiento y la madurez espiritual.

En segundo lugar, el creyente debe entrar en

Capítulo 3: ¡Una Vida Perdonada!

una vida de crucifixión o sacrificio. Esto es una vida de quebrantamiento; la revelación de como los creyentes en Cristo, cargamos nuestra cruz.

¿Qué significa esto? Cargar la cruz, es el entendimiento de que nuestra carne no va a gobernar más sobre nosotros.

Al permitir que Cristo ocupe el primer lugar en nuestras vidas y al hacer que la carne se vuelva impotente al negar voluntariamente sus deseos, se logra una vida crucificada. Todo esto se logra mediante el poder del Espíritu Santo que habita en nosotros.

El Apostol Pablo se dio cuenta de este proceso, al ser crucificado con Cristo y vivir una vida de fe en Él. Solo preste atención a lo siguiente, **"He sido crucificado con Cristo, y ya no vivo yo, sino que Cristo vive en mí. Lo que ahora vivo en el cuerpo, lo vivo por la fe en el Hijo de Dios, quien me amó y dio su vida por mí." (Gálatas 2:20)**

Capítulo 3: ¡Una Vida Perdonada!

Finalmente ya que hemos crucificado nuestra carne en la cruz, debemos levantarnos hacia una vida de fuego en Dios, y caminar en el poder de la resurrección. Y justo como Jesús resucito de entre los muertos, nosotros también resucitaremos en el poder del Espíritu Santo.

Esto es lo que nos dice la palabra de Dios, "Por tanto, mediante el bautismo fuimos sepultados con él en su muerte, a fin de que, así como Cristo resucitó por el poder del Padre, también nosotros llevemos una vida nueva. En efecto, si hemos estado unidos con Él en su muerte, sin duda también estaremos unidos con él en su resurrección." (Romanos 6:4-5)

Mientras decidamos morir a nosotros mismos y nos mantengamos sometidos al Espíritu Santo, la presencia de Dios se volverá más fuerte e intensa en nosotros. A su vez, este tipo de vida estará marcada por el quebrantamiento y la obediencia a la voluntad de Dios ¡Dando fruto

Capítulo 3: ¡Una Vida Perdonada!

donde quiera que valla¡

Una Vida Perdonada

"Pero si andamos en luz, como él está en luz, tenemos comunión unos con otros, y la sangre de Jesucristo su Hijo nos limpia de todo pecado. Si decimos que no tenemos pecado, nos engañamos a nosotros mismos, y la verdad no está en nosotros. Si confesamos nuestros pecados, él es fiel y justo para perdonar nuestros pecados, y limpiarnos de toda maldad." (1 San Juan 1: 7-9)

Tener un entendimiento acerca de la obra final de Dios, es muy importante para la fe de un creyente. Sin el conocimiento adecuado de lo que Cristo ha hecho por nosotros, el creyente se queda con nada más que una religión vacía llena de ritualismo y tradición.

Para empezar, Cristo derramó Su sangre en la

Capítulo 3: ¡Una Vida Perdonada!

cruz del calvario. Él derramó Su vida como rescate para toda la humanidad. No tenía que hacerlo, ¡pero lo hizo! Nadie podría haberlo obligado, ¡lo hizo voluntariamente!

La sangre de Jesús nos limpia de nuestros pecados y nos justifica delante del padre. Si hemos sido lavados en la sangre de Jesús, hemos sido perdonados por todos los pecados que hemos cometido y nuestros pecados han sido separados de nosotros, tan lejos como el *este* está del *oeste*. (Tan lejos de nosotros echó nuestras transgresiones como lejos del oriente está el occidente.)

Ahora, si nuestro corazón nos condena, llevémoslo ante Cristo y lavémonos en la sangre - la sangre es más grande y poderosa y no importa lo que estemos sintiendo: "Que aunque nuestro corazón nos condene, Dios es más grande que nuestro corazón y lo sabe todo." (1 San Juan 3:20)

Capítulo 3: ¡Una Vida Perdonada!

La escritura también nos enseña esto: "Ahora, pues, ninguna condenación hay para los que están en Cristo Jesús, los que no andan conforme a la carne, sino conforme al Espíritu." (Romanos 8:1)

Así que, si alguien viene a acusarnos de nuestros pecados pasados, entonces tenemos que aplicar la sangre de Cristo a ese pensamiento y decirle a esa voz con absoluta autoridad: *"¡He sido justificado por la sangre de Jesús y soy perdonado!"*

La escritura también dice que, está designado que el hombre muera una vez y luego viene el juicio. Entonces sepa usted, que Jesús se enfrentó a esa cita con la muerte y la derrotó. "Y así como está establecido que los seres humanos mueran una sola vez, y después venga el juicio, también Cristo fue ofrecido en sacrificio una sola vez para quitar los pecados de muchos; y aparecerá por segunda vez, ya no para cargar

Capítulo 3: ¡Una Vida Perdonada!

con pecado alguno, sino para traer salvación a quienes lo esperan." (Hebreos 9: 27-28)

¡Así Que la Muerte No Tiene Poder Sobre Nosotros!

Solo hay Uno que puede juzgarnos o condenarnos- ¡Su nombre es Jesús!- y Él dijo que no lo haría! (San Juan 8:1)

Una vez que hemos entrado en su plan y propósito por la sangre de Jesús, nadie puede tocarnos. Escuche aquí las palabras de Pablo: "¿Qué, pues, diremos a esto? Si Dios es por nosotros, ¿quién contra nosotros? El que no escatimó ni a su propio Hijo, sino que lo entregó por todos nosotros, ¿cómo no nos dará también con él todas las cosas? ¿Quién acusará a los escogidos de Dios? Dios es el que justifica. ¿Quién es el que condenará? Cristo es el que murió; más aún, el que también resucitó, el que además está a la diestra de Dios, el que también intercede

Capítulo 3: ¡Una Vida Perdonada!

por nosotros. ¿Quién nos separará del amor de Cristo? ¿Tribulación, o angustia, o persecución, o hambre, o desnudez, o peligro, o espada? Como está escrito:

Por causa de ti somos muertos todo el tiempo;
Somos contados como ovejas de matadero.

Ante, todas estas cosas somos más que vencedores por medio de aquel que nos amó. Por lo cual estoy seguro de que ni la muerte, ni la vida, ni ángeles, ni principados, ni potestades, ni lo presente, ni lo por venir, ni lo alto, ni lo profundo, ni ninguna otra cosa creada nos podrá separar del amor de Dios, que es en Cristo Jesús Señor nuestro." (Romanos 8:31-39)

Debemos saber que hemos sido perdonados y liberados por la sangre de Jesús antes de que podamos avanzar hacia cosas mejores y más grandes en Dios.

Capítulo 4

¡Una Vida Crucificada!

En el capítulo anterior, *Una Vida Perdonada,* hice alusión al hecho de que Dios nos ha perdonado y no hay nadie que pueda juzgarnos aparte de él. ¡Así es Dios el Padre, es un Padre que perdona!

Damos gracias a Dios por su Hijo unigénito, Jesucristo, quien pagó el precio completo por nuestro rescate y nos ha acercado a Dios a través de Su sangre derramada en la cruz del Calvario. Fue Su sacrificio que hizo la diferencia. Esto nos ha trasladado de las tinieblas a la luz, de una vida de pecado a una vida de santidad.

También otra nota digna es que Jesús se llamó a sí mismo la Puerta: "Por eso volvió a decirles: **Ciertamente les aseguro que yo soy la puerta de las ovejas."** (San Juan 10:7)

Capítulo 4: ¡Una Vida Crucificada!

Jesús dijo que Él era la puerta y una vez que entras, estás entrando en Su redil o sea, Su reino. Su reino es un mundo diferente.

El reino de Dios ha sido hecho para un tipo especial de personas: los redimidos de Dios, los que han sido comprados por precio de sangre, la sangre del Cordero. Ellos son los únicos para los que se ha preparado este reino.

Ahora que hemos entrado en el reino de Dios, el siguiente paso es crecer en este reino. Ya estamos dentro y ahora es el momento de crecer en el conocimiento de este reino. Para esto tendremos que permitir que El Espíritu Santo, nos enseñe acerca del Rey y Su reino.

La Vida Crucificada

"He sido crucificado con Cristo, y ya no vivo yo, sino que Cristo vive en mí. Lo que ahora vivo en el cuerpo, lo vivo por la fe en el Hijo de Dios, qui-

Capítulo 4: ¡Una Vida Crucificada!

en me amó y dio su vida por mí." (Gálatas 2:20)

Permítame comenzar diciendo que una vida crucificada no es sencilla. De hecho, es imposible vivirla sin haber nacido de nuevo verdaderamente.

Es Una Elección Voluntaria

Permitir que Dios se convierta en el Señor de nuestra vida es más una elección voluntaria que una obligacion de unirnos a una experiencia religiosa, un club social o un ritual. Si no entramos en la *vida crucificada*, entonces nuestras vidas seguirán siendo las mismas. Solo tendremos el conocimiento de que Dios nos salvará del pecado a través de su sangre, pero nunca entraremos en Su experiencia completa. ¡Nunca lo conoceremos como Dios el Padre desea que lo conozcamos!

En el libro de San Juan, Nuestro Señor Jesucristo

Capítulo 4: ¡Una Vida Crucificada!

dijo lo siguiente: "De cierto, de cierto os digo: Si no coméis la carne del Hijo del Hombre, y bebéis su sangre, no tenéis vida en vosotros. El que come mi carne y bebe mi sangre, tiene vida eterna; y yo le resucitaré en el día postrero. Porque mi carne es verdadera comida, y mi sangre es verdadera bebida. El que come mi carne y bebe mi sangre, en mí permanece, y yo en él. Como me envió el Padre viviente, y yo vivo por el Padre, asimismo el que me come, él también vivirá por mí. Este es el pan que descendió del cielo; no como vuestros padres comieron el maná, y murieron; el que come de este pan, vivirá eternamente." (San Juan 6:53-58)

Lo que Jesús en esencia está diciendo es, *"Mira, si comes de Mi carne y bebes de Mi sangre, y si participas en Mi muerte sabrás quién soy Yo en realidad. De hecho es la única manera de permanecer en Mí, y Yo en ti; debes permitirme entrar en ti, ¡para que tú puedas entrar en mí! Si permaneces en mi ¡vivirás para siempre!"*

Capítulo 4: ¡Una Vida Crucificada!

¡La Cruz es Más Que Solo un Símbolo!

Esto es en lo que debemos profundizar hoy. Debemos entender que la cruz de Cristo no es solo un símbolo para usar como un collar o como un amuleto de buena suerte; la cruz de Cristo es un instrumento de muerte que fue hecha para colgar a los criminales -¡ciertamente no para la buena suerte!

Las palabras que el Apóstol Pablo usó en Gálatas 2:20 son muy intencionales y poderosas; debemos captarlas para que podamos entender las bases de lo que es una *vida crucificada*.

Primero que nada, el Apostol Pablo entendió que su vida ya no era suya - por eso se hace la declaración, "He sido crucificado con Cristo, y ya no vivo yo, sino que Cristo vive en mí."

Pablo había dejado en claro para sí mismo y para los demás, que su vida, tal como el la conocía,

Capítulo 4: ¡Una Vida Crucificada!

ya no tenía ningún derecho o dominio para hacer lo suyo - su vida ahora le pertenecía a Cristo. Él se rindió plenamente a los deseos del Señor, actitudes y acciones. ¡Pablo estaba poseído por Dios!

En la antigüedad, alguien que llevaba una cruz estaba a punto de morir. Mientras el hombre cargaba esa cruz fuera de las murallas de la ciudad, todos sabían que no regresaría por su familia, ¡Este día, sería el último para este hombre!

La gente lo miraba fijamente mientras colgaba sangrando. La gente se burlaría de él y vendrían pájaros a comerselo; le arrancarían los ojos y le morderían. Lo peor de todo es que este hombre ¡ya no tenía derecho a defenderse! Lo habían despojado de todos los derechos y ahora estaba en camino a la muerte.

El Apóstol Pablo se compara a sí mismo con un hombre que carga su cruz y muere. Es como si

Capítulo 4: ¡Una Vida Crucificada!

el Apóstol Pablo estuviera diciendo, *"Cuando yo entregue mi vida a Dios, renuncie a todos mis derechos. Ya no tengo una vida propia, solo lo que Dios me permite tener, soy un esclavo de Cristo y solo a Él le serviré. Mis metas mis planes mi visión - ¡todo pertenece a Cristo ahora!"*

¿Puedes Ver La Diferencia?

Las personas aceptan a Jesús en sus corazones para encontrar perdón por sus pecados, lo aceptan como su Salvador. ¿Logra ver esto? Aceptamos su regalo gratuito de perdón y entramos en su vida y El entra en nuestro corazón. ¡Intercambiamos nuestras vidas sucias por su increíble vida!

Muchos han pensado que esto es todo lo que hay en Dios y ¡están tan equivocados!

Déjeme mostrarle: Una vez que aceptamos a Jesús como Salvador, Su sangre nos purifica de

Capítulo 4: ¡Una Vida Crucificada!

nuestro pecado y ahora podemos estar ante Dios el Padre. En otras palabras, la sangre de Jesús nos ha hecho presentables ante Dios. Después de esto, el Señor Jesus desea permanecer en nosotros a traves de Su Espíritu Santo con el fin de transformarnos en Su imagen.

Antes de que podamos entrar en él, debemos aceptar voluntariamente la cruz de Cristo. La voluntad de ofrecer todo nuestro "YO" a seguir a Jesús, ahora debe tener lugar. La cruz de Cristo te limpiará y traerá bajo sujeción las obras de la carne que se encuentran en nosotros.

El Apóstol Pablo lo puso de esta manera: "Sabiendo esto, que nuestro viejo hombre fue crucificado juntamente con él, para que el cuerpo del pecado sea destruido, a fin de que no sirvamos más al pecado Porque el que ha muerto, ha sido justificado del pecado." (Romanos 6:6-7)

¿Quiere ser limpiado de tus pecados y luego la-

Capítulo 4: ¡Una Vida Crucificada!

vado en la sangre? ¿Quieres ser un discípulo de Jesús que impacte el mundo? Vaya a la cruz y cambie de su antigua naturaleza a su nueva naturaleza.

La palabra *salvador* significa alguien que salva. La palabra *Señor* significa alguien que es el dueño de todos. Ya lo aceptamos como Salvador, por lo que pagó el precio por nuestros pecados y hemos recibido el perdón - ahora es el momento de hacerlo Señor. ¡Estamos listos para hacerle dueño de todo! ¿Está listo para eso?

En conclusión, la vida crucificada es la rendición *continua* de nuestras actitudes carnales, los pensamientos, las ambiciones egoístas a los deseos del Señor. La vida crucificada nos lleva a una vida de quebrantamiento. Este es estilo de vida que Dios desea para nosotros. ¡Así estaremos listos para ser utilizados por Dios, a medida que el poder de la resurrección fluya sin obstáculos en nosotros!

Capítulo 5

¡Una Vida Resucitada!

Para seguir ante lo que Dios está haciendo en nosotros a través de Su Espíritu Santo, y como ya hemos visto la sesión de *¡Una Vida Perdonada!* y *¡Una Vida Crucificada!* - ahora enfocare su atención hacia *¡Una Vida Resucitada!*

En la vida resucitada, es importante que el creyente sepa lo que realmente ha ocurrido en el *espíritu* o es decir en el mundo espiritual.

Por un lado, el creyente ha sido perdonado de todos sus pecados, y en segundo lugar, el creyente ha entrado en la muerte de Cristo al tomar su cruz y negarse a sí mismo de sus propios deseos para seguir a Cristo dondequiera que vaya. Todo esto se ha hecho por elección voluntaria.

Además, es de gran valor saber que una vez que

Capítulo 5: ¡Una Vida Resucitada!

hemos sido crucificados con Cristo ya no vivimos, mas ahora Cristo vive en nosotros; esta nueva vida que tenemos y vivimos ahora, se sostiene y sólo puede ser sostenida por la fe. Pues la vida resucitada es una vida de fe en Dios

La vida resucitada es una vida de fe en el Hijo de Dios; y se manifestará cuando uno viva la experiencia de que Él ha resucitado de entre los muertos y, ahora está caminando en el poder del Cristo resucitado.

Veamos Lo Siguiente

"Y con gran poder los apóstoles daban testimonio de la resurrección del Señor Jesús." "Hechos 4:33)

En cuanto a los apóstoles de Cristo en la iglesia primitiva, el mensaje del Cristo resucitado no podía ser negado. Los apóstoles lo habían experimentado y ahora estaban llenos del fuego de Dios.

Yo creo que esta es una de las cosas que le pasan a las personas que tienen un encuentro con el Cristo vivo, son vivificadas por su poder. ¡Es en este punto que la experiencia es tan abrumadoramente real, que es imposible guardar silencio sobre este evento en nuestras vidas!

La razón por la que muchas personas no hablan de su fe en Cristo es porque no han sido testigos del poder de Dios. Han oído hablar de eso e incluso podrían haber orado por ello, ¡pero no se han apropiado de su poder! No es real para ellos, y si no es real, no se puede compartir. ¡No podemos dar de lo que no tenemos! Así que ¿Cómo puede alguien presenciar algo que no ha visto?

Vayamos más profundo:

"Porque somos sepultados juntamente con Él

Capítulo 5: ¡Una Vida Resucitada!

para muerte por el bautismo, a fin de que como Cristo resucitó de los muertos por la gloria del Padre, así también nosotros andemos en vida nueva. Si fuimos plantados juntamente con él en la semejanza de su muerte, así también lo seremos en la de su resurrección; sabiendo esto, que nuestro viejo hombre fue crucificado juntamente con Él, para que el cuerpo del pecado sea destruido, a fin de que no sirvamos más al pecado, porque, el que ha muerto ha sido justificado del pecado. Y si morimos con Cristo, creemos que también viviremos con Él, y sabemos que Cristo, habiendo resucitado de los muertos, ya no muere; la muerte no se enseñorea más de Él. En cuanto murió, al pecado murió una vez por todas; pero en cuanto vive, para Dios vive. Así también vosotros consideraos muertos al pecado, pero vivos para Dios en Cristo Jesús, Señor nuestro." Romanos 6:4-11)

Permítanme resaltar dos elementos importantes de estos versículos. "Cristo fue resucitados de

Capítulo 5: ¡Una Vida Resucitada!

entre los muertos por la gloria del Padre, así también nosotros andemos en vida nueva".

He aquí algo importante: nosotros hemos resucitado para caminar en una vida de cosas nuevas. Y ¿Cómo sé que es una vida de cosas nuevas? La forma que tiene una vida, se mira a través de una vida llena de nuevos anhelos, nuevos deseos, nuevas visiones, nuevos sueños, nuevas ambiciones, etc.

"De modo que si alguno está en Cristo, nueva criatura es; las cosas viejas pasaron; he aquí todas son hechas nuevas." (2 Corintios 5:17)

Esta escritura en particular nos habla acerca de que somos una nueva creación. En otras palabras, las cosas creadas no existían antes. Lo que Dios ha hecho de usted y de mí en este nuevo nacimiento, nunca se había visto antes. Cosas viejas, esto quiere decir que todo en el pasado ha sido borrado; y ahora, todas las cosas

Capítulo 5: ¡Una Vida Resucitada!

son nuevas. Volverse algo nuevo significa que esas cosas nunca han existido antes, pero están a punto de manifestarse a través de nosotros. Asimismo, Usted también se considera muerto al pecado, ¡pero vivo para Dios!

Al poner en practica esta caminada hacia la vida resucitada que Dios nos ha dado, nos consideramos muertos a la vida de pecado establecida. Ya no tenemos a ese capataz del pecado que nos dé órdenes. ¡Nos han librado de sus garras! En otras palabras, ya no tenemos que pecar

La verdad acerca de todo este tema es la siguiente: ¡Dios nos ha dado vida para Él! Por el poder de Su Espíritu Santo, Dios nos ha resucitado o ha vivificado nuestro espíritu, alma y cuerpo para servirle. ¿Logra comprender esto?

¡Ya no somos nosotros los que vivimos, sino Cristo quien vive en nosotros! Ahora podemos hacer todo lo que Cristo hizo en la tierra donde

Capítulo 5: ¡Una Vida Resucitada!

fue rechazado. Es por eso que fuimos vivificados por Su Espíritu - para que podamos vivir en el poder de Dios para hacer las obras de Dios.

¡El Diablo Odia la Resurrección!

Mientras las mujeres iban de camino, algunos de los guardias entraron en la ciudad e informaron a los jefes de los sacerdotes de todo lo que había sucedido. Después de reunirse estos jefes con los ancianos y de trazar un plan, les dieron a los soldados una fuerte suma de dinero y les encargaron: «Digan que los discípulos de Jesús vinieron por la noche y que, mientras ustedes dormían, se robaron el cuerpo. Y, si el gobernador llega a enterarse de esto, nosotros responderemos por ustedes y les evitaremos cualquier problema». Así que los soldados tomaron el dinero e hicieron como se les había instruido. Esta es la versión de los sucesos que hasta el día de hoy ha circulado entre los judíos." (San Mateo 28:11-15)

Capítulo 5: ¡Una Vida Resucitada!

Si hay algo que sé que al diablo le encantaría desacreditar, ¡tiene que ser la realidad de la resurrección de Jesús! Cómo le encantaría volver a escribir la historia y decir que Jesús nunca resucitó de la tumba. Lástima. ¡LO HIZO!

Durante años, la verdad acerca de la resurrección de Cristo en forma corporal ha sido atacada por otras religiones, algunos agnósticos y todo tipo personas con mente diabólica.

¡El hecho de que Cristo resucitó significa que está vivo! Si Cristo está vivo, entonces todo lo que nos dijo es verdad y ya no estamos en pecado. Además, Cristo está ahora multiplicado en los corazones de todos los que creen en Él y lo han hecho Señor de sus vidas. El Espíritu Santo de Dios ha sido enviado desde los cielos para vivir en nuestros corazones para siempre y para mostrarnos la mente de Dios.

El beneficio de ser resucitados en nuestros corazones por el Espíritu Santo y caminar en poder y en plena autoridad, está siempre presente.

No es de extrañar que el diablo odie la resurrección de Jesús; ¡no es de extrañar que haga todo lo que está en su poder para desacreditar lo que Cristo le hizo a la tumba! Ahora, los que creemos en Cristo, estamos dando testimonio de este gran poder al manifestar Su presencia en cada lugar donde dos o tres se reúnen en Su nombre.

¡Señales y Prodigios!

"Y estas señales seguirán a los que creen: En mi nombre echarán fuera demonios; hablarán nuevas lenguas; tomarán en las manos serpientes, y si bebieren cosa mortífera, no les hará daño; sobre los enfermos pondrán sus manos, y sanarán." (San Marcos 16:17-20)

Usted y yo estamos llamados a hacer señales y

Capítulo 5: ¡Una Vida Resucitada!

prodigios. La escritura dice que los que siguen a Cristo lo harán. Debido al poder de resurrección de Jesús obrando en nosotros, podemos experimentar señales y maravillas.

No solo Jesús resucitó de la tumba; fuimos resucitados de nuestra carne, ¡caminamos en el poder de Cristo ahora!

¿Le sorprende por qué el diablo lucha contra nosotros cuando resucitamos? ¿Le hace preguntarse por qué el diablo nos odia tanto cuando nos acercamos a Cristo? Quiere infundirle miedo, condenación, culpa, vergüenza y duda por medio de nuestra carne.

Es por eso que morir a uno mismo es tan esencial - porque el poder de la resurrección depende primero de nuestra muerte espiritual a la carne. A menos que muramos a nosotros mismos y resucitemos en el poder de Cristo, no podremos vivir para Dios. Ahora, si resucitamos, ¡Cuidate diablo!

Capítulo 6

¡Marcado Por Dios!

"¿Son ellos hebreos? Pues yo también. ¿Son israelitas? También yo lo soy. ¿Son descendientes de Abraham? Yo también. ¿Son servidores de Cristo? ¡Qué locura! Yo lo soy más que ellos. He trabajado más arduamente, he sido encarcelado más veces, he recibido los azotes más severos, he estado en peligro de muerte repetidas veces. Cinco veces recibí de los judíos los treinta y nueve azotes. Tres veces me golpearon con varas, una vez me apedrearon, tres veces naufragué, y pasé un día y una noche como náufrago en alta mar. Mi vida ha sido un continuo ir y venir de un sitio a otro; en peligros de ríos, peligros de bandidos, peligros de parte de mis compatriotas, peligros a manos de los gentiles, peligros en la ciudad, peligros en el campo, peligros en el mar y peligros de parte de falsos hermanos. He pasado muchos trabajos

Capítulo 6: ¡Marcado Por Dios!

y fatigas, y muchas veces me he quedado sin dormir; he sufrido hambre y sed, y muchas veces me he quedado en ayunas; he sufrido frío y desnudez. Y, como si fuera poco, cada día pesa sobre mí la preocupación por todas las iglesias. Cuando alguien se siente débil, ¿no comparto yo su debilidad? Y, cuando a alguien se le hace tropezar, ¿no ardo yo de indignación? Si me veo obligado a jactarme, me jactaré de mi debilidad. El Dios y Padre del Señor Jesús (¡sea por siempre alabado!) sabe que no miento. En Damasco, el gobernador bajo el rey Aretas mandó que se vigilara la ciudad de los damascenos con el fin de arrestarme; pero me bajaron en un canasto por una ventana de la muralla, y así escapé de las manos del gobernador." (2 Corintios 12:22-33)

Cuando El Señor toca nuestras vidas, es inevitable que suceda un gran cambio. Ocurrirá una poderosa transformación en nuestras ideas, actitudes y en toda nuestra vida.

Capítulo 6: ¡Marcado Por Dios!

Cuando Dios nos toca, lo manifestamos a través de nuestra fe y completa seguridad en quien es Dios y lo que Él puede hacer en nosotros y a través de nosotros.

El Apóstol Pablo se enfrentó a mucha oposición y a pesar de todo esto, ¡nunca se rindió! De hecho, su actitud era la de un vencedor. El sintió que estaba llamado a hacer una diferencia durante su vida; ¡el Apóstol Pablo estaba plenamente convencido de que nada ni nadie impediría el fluir de Dios a lo largo de su vida!

El Apóstol Pablo sintió una gran deuda con los perdidos, sintió la carga de predicar el evangelio a ellos para que pudieran ser salvos. Él no era tímido ni estaba asustado por lo que los hombres pudieran hacerle.

¿Cuántos de nosotros vivimos con este tipo de actitud y convicción de corazón? ¿Cuántos nos sentimos en deuda con los perdidos? ¿Cuántos

Capítulo 6: ¡Marcado Por Dios!

de nosotros estamos dispuestos a salir de nuestra zona de comodidad y hacer un avance para el Reino de Dios?

Marcado Por Jesús

"De aquí en adelante nadie me cause molestias; porque yo traigo en mi cuerpo las marcas del Señor Jesús. Hermanos, la gracia de nuestro Señor Jesucristo sea con vuestro espíritu. Amén." (Gálatas 6:17-18)

Pagar el precio por servir a Jesús el Rey no es algo fácil de hacer. Servir al Señor con todo nuestro corazón no es un deber religioso y no se puede hacer solo con fuerza de voluntad.

Servir a Jesús viene por la revelación que se experimenta en nuestro hombre interior. Esto requerirá nuestra mente, nuestro corazón, nuestra alma y todas nuestras fuerzas para caminar en la voluntad del Padre.

Capítulo 6: ¡Marcado Por Dios!

Demasiadas personas luchan en su dedicación al Señor cuando de verdad es necesario hacer un impacto para El. ¡Cualquiera puede cantar canciones y alabar al Señor cuando las cosas van bien y a la perfección! Me pregunto seriamente, ¿cuántos creyentes pueden adorar al Señor en medio de una experiencia caótica? ¿Cómo puede el hombre seguir fluyendo en el fuego de Dios cuando todo en el infierno está tratando de apagar su fuego? Amigos míos, ¡reflexionemos sobre esto!

¿Estas Preocupado Por Ti?

Al vivir este evangelio, ¡no hay lugar para ti! No puedes estar preocupado por ti y preocupado por la voluntad de Dios. O te ofreces al Señor completamente y le permites a Él para gobernar y reinar en tus emociones, pensamientos y acciones o luchas día tras día con situaciones externas, circunstancias y adversidades.

Capítulo 6: ¡Marcado Por Dios!

No es divertido tratar de mantenerse al día con la agenda de Dios así como con la nuestra. ¡La vida será difícil sin importar cómo la midas! O será el Señor quien satisfará y se encargará de todas nuestras necesidades, o seremos nosotros, haciendo innumerables y débiles esfuerzos para hacer realidad nuestro propio plan, sueños y ambiciones.

La actitud del Apóstol Pablo aquí hacia la iglesia de Galacia fue la de: *"Sé lo que creo y en Quién confío, ¡Así que deja de intentar mostrar algo diferente!"*

El Apóstol Pablo estaba tratando de dejar en claro que había pagado un alto precio por servir a Jesús y que tenía las marcas de las muchas veces que fue golpeado y dejado por muerto, ¡todo por la causa de Cristo!

Cuando hemos caminado con Dios con total devoción, ¡no tenemos nada ni nadie a quien temer! El señor siempre ha sido lo primero en nuestras vidas en el pasado, hoy es lo primero y siempre será el primero mientras vivamos. Nada puede conmovernos, sacudirnos o convencernos de lo contrario. Este es el corazón de los que han sido marcados por el Señor. ¿Ves la bendición detrás de la marca?

¡No Puedes Vivir en Temor!

"Al oír esto, le rogamos nosotros y los de aquel lugar, que no subiese a Jerusalén. Entonces Pablo respondió: ¿Qué hacéis llorando y quebrantándome el corazón? Porque yo estoy dispuesto no sólo a ser atado, más aun a morir en Jerusalén por el nombre del Señor Jesús." (Hechos 21:12-18)

Cuando leo esta escena en particular en la que algunos discípulos advierten al apóstol Pablo que no vaya a Jerusalén por su propio bien, puedo ver verdaderamente la sincera preocupación

Capítulo 6: ¡Marcado Por Dios!

que sus amigos tenían por él. Temían por la vida de Pablo, y con razón. ¡Sin embargo, Pablo no tenía miedo!

¿Cuándo lo notara la iglesia? ¡Cuándo nos daremos cuenta de que un hombre que ha muerto a sí mismo, no tiene miedo de ser atado o morir por causa de Cristo!

Si vamos a vivir para Jesús, ¡vivamos para Jesús! Dejemos de poner excusas de por qué no somos más dedicados. ¡Necesitamos dejar de poner excusas de por qué no oramos, por qué no ayunamos y por qué no podemos pasar unos minutos en la palabra de Dios en profunda meditación!

¡Cualquier forma de avance de las buenas nuevas del evangelio del reino, será enfrentado de frente por Satanás y sus demonios! El gran hombre de Dios Franklin Hall lo dijo de esta manera: *"¡Siempre tendremos que luchar por la forma correcta de vivir!"* ¡Prepárate para luchar!

Capítulo 7

¿Estás Disponible?

"Una mujer, de las mujeres de los hijos de los profetas, clamó a Eliseo, diciendo: Tu siervo mi marido ha muerto; y tú sabes que tu siervo era temeroso de Jehová; y ha venido el acreedor para tomarse dos hijos míos por siervos. Y Eliseo le dijo: ¿Qué te haré yo? Declárame qué tienes en casa. Y ella dijo: Tu sierva ninguna cosa tiene en casa, sino una vasija de aceite. Él le dijo: Ve y pide para ti vasijas prestadas de todos tus vecinos, vasijas vacías, no pocas. Entra luego, y enciérrate tú y tus hijos; y echa en todas las vasijas, y cuando una esté llena, ponla aparte. Y se fue la mujer, y cerró la puerta encerrándose ella y sus hijos; y ellos le traían las vasijas, y ella echaba del aceite. Cuando las vasijas estuvieron llenas, dijo a un hijo suyo: Tráeme aún otras vasijas. Y él dijo: No hay más vasijas. Entonces cesó el aceite." (2 Reyes 4:1-6)

Capítulo 7: ¿Estás Disponible?

Cuando vine por primera vez al reino de Dios y supe en mi corazón que Dios realmente me había perdonado todos mis pecados, no solo algunos, sino todos los pecados; Nací profundamente con el deseo de servirle.

Ahora, yo era tímido y callado y no quería expresar ninguna de esas emociones, así que nunca le dije nada a nadie. ¡Pero Dios conocía mi corazón!

Algún tiempo después de ser salvo, me uní a una iglesia. Fue en este lugar donde creció mi pasión por servir a Jesús. Mi pastor nos desafiaría no solo a amar a Dios, sino a servirlo con una devoción sin reservas.

Todavía recuerdo la sensación que tenía cuando mi pastor nos desafiaba con las palabras que nos hacían sentir que si no estábamos sirviendo a Dios, entonces no estábamos caminando de acuerdo a Su voluntad.

Capítulo 7: ¿Estás Disponible?

Semana tras semana, nuestro corazón fue desafiado y muchos corazones fueron transformados. Algunos fueron llamados al campo misionero, y fueron; otros fueron llamados a abrir ministerios locales y ¡se fueron!

Definitivamente fue un tiempo de crecimiento en la revelación de lo que significaba estar disponibles para el uso del Señor. Doy gracias a Dios por esas gloriosas experiencias y desafíos.

No pasó mucho tiempo después de haber sido *bombardeado* por mensajes convincentes, que el Señor me eligió para seguir Su corazón en la obra del ministerio.

Elegido personalmente por el Señor, procedí a hacer los cambios necesarios que me facilitarían dejar el trabajo secular y perseguir a mi Rey Jesucristo en su servicio.

Han pasado más de treinta años y sigo desean-

Capítulo 7: ¿Estás Disponible?

do que Dios me hubiera llamado mucho antes.

Ser llamado por el Señor no es lo más fácil del mundo. De hecho, probablemente sea lo más difícil de hacer para cualquier estadounidense.

Al estar llenos de múltiples bendiciones y oportunidades para perseguir el Sueño Americano, muchos ni siquiera se toman el tiempo para alinearse con la voz del Espíritu Santo para descubrir qué es exactamente lo que el Señor quiere de ellos.

Recuerdo haber escuchado este himno en un servicio - nunca olvidaré la pasión ardiente por Jesús que me invadió y transformó mi filosofía de vida.

> *Escuche al Señor de la cosecha llamando dulcemente,*
> *"¿Quién irá hoy a trabajar para Mí?*
> *¿Quién me traerá a los perdidos y moribundos?*

Capítulo 7: ¿Estás Disponible?

¿Quién les señalará el camino angosto?"

Habla, mi Señor, habla, mi Señor,
Habla, y pronto te responderé;
Habla, mi Señor, habla, mi Señor,
Habla y te responderé: "Señor, envíame".

Cuando el carbón de fuego tocó al profeta,
Haciéndolo tan puro, tan puro puede ser;
Cuando la voz de Dios dijo: "¿Quién irá por nosotros?"
Luego respondió: "Aquí estoy, envíame.

Millones ahora en pecado y vergüenza están muriendo;
Escuche su llanto triste y amargo;
Apresúrate, hermano, apresúrate al rescate;
Responda rápidamente: "Maestro, aquí estoy".

Capítulo 7: ¿Estás Disponible?

Pronto se acabará el tiempo de la siega;
Pronto nos reuniremos para la cosecha,
en casa;
Que el Señor de la cosecha nos sonría,
Ojalá que escuchemos Su bendito: "Hijo,
bien hecho".

Es con esta misma pasión que escribo este capítulo hoy.

Una Experiencia de Encrucijada

La historia comienza con una viuda que ha perdido a su esposo quien murió dejando una gran deuda. Después de fallecer, el cobrador va en busca de su pago, y ya que la mujer no tiene para pagarle, este le dice a ella que tomara a sus hijos como forma de pago.

No hay nada como una buena prueba en nuestras vidas para llevarnos al lugar donde Dios quiere que estemos; ¡Además nada prueba nuestra

Capítulo 7: ¿Estás Disponible?

fe como un horno de fuego!

He descubierto que la oportunidad de hacer un movimiento por Dios no suele llegar cuando todo está bien y a la perfección. De hecho, nuestras emociones pueden incluso estar en su punto más bajo, ¡cuando el Señor venga a llamar! Esto le sucedió a esta mujer: Dios le pidió que se moviera mientras estaba bajo extrema presión.

¿Qué Podemos Ofrecerle a Dios?

Cuando la mujer se acercó al profeta, que representaba la voz de Dios, él escuchó su necesidad "Eliseo le dijo: '¿Qué debo hacer por ti? Dime, ¿qué tienes en la casa?"

¡Estos Son Los Caminos de Dios!

Primero escuchará nuestras necesidades e inquietudes, luego nos preguntará qué queremos que haga. Ya sea que respondamos o no, Él to-

Capítulo 7: ¿Estás Disponible?

davía nos preguntará: "¿Qué tienes en tu casa?"

¡Esta Pregunta Lo Cambiará Todo!

¿El Señor realmente necesita algo para que algo suceda? ¡Bueno, por supuesto que no necesita nada! Sin embargo, siempre usará lo poco que tenemos. Dios anhela estar conectado con nosotros de alguna manera y asociarse con nosotros. Con Dios se trata de cooperar. Como de costumbre, Él espera que hagamos lo natural o sea lo posible; y Él hará lo sobrenatural - lo imposible!

El Secreto Para Los Milagros

El Señor a través de Eliseo, le da instrucciones; estas palabras que si se siguen, darán gran fruto. El profeta le dijo: "Ve y pide para ti vasijas prestadas de todos tus vecinos, vasijas vacías, no pocas. Entra luego, y enciérrate tú y tus hijos; y echa en todas las vasijas, y cuando una esté

Capítulo 7: ¿Estás Disponible?

llena, ponla aparte."

A menudo muchas personas se preguntan en qué momento ocurren los milagros. Yo he estudiado Su palabra y he descubierto que la mayoría de los milagros suceden justo en el momento que comenzamos a obedecer.

Tan pronto como ella fue, Dios comenzó a trabajar en el milagro de multiplicar la pequeña cantidad de aceite que estaba en el tarro que ella tenía.

¡No Hay Más Vasijas!

"Cuando las vasijas estuvieron llenas, dijo a un hijo suyo: Tráeme aún otras vasijas. Y él dijo: No hay más vasijas. Entonces cesó el aceite."

Para cerrar este capítulo, quiero que note algo muy profundo aquí.

Capítulo 7: ¿Estás Disponible?

Dios instruyó a la viuda qué hacer con su jarra de aceite, los vasos prestados, y le dijo cuándo se llenarían los vasos prestados. ¡No le dijo lo que tenía que hacer una vez que todos los recipientes estuvieran llenos! ¿Por qué no?

Esto habla de nuestras propias vidas y de cómo Dios opera en Su reino. Mientras sigamos ofreciéndonos a Dios como vasos vacíos, Él nos llenará. Una vez que decimos que estamos llenos, ¡Su aceite cesará!

Debemos ofrecernos continuamente para estar llenos de Dios, pero hay una trampa en esto, ¡también debemos regalar lo que Dios ha depositado en nuestro interior!

Con frecuencia escucho personas clamar por Su presencia, por más de Jesús. He llegado a saber que la mayoría de las personas que claman por más de una forma muy ruidosa, ¡Son las que nunca hacen nada por Dios!

Capítulo 7: ¿Estás Disponible?

Mi creencia y es solo mi opinión.- *a menos que podamos justificar nuestra sed y clamor por mas, ¡no deberíamos pedir más!*

Capítulo 8

¡El Ministerio del Quebrantamiento!

Me gustaría iniciar este capítulo acerca del ministerio del quebrantamiento, mencionando que este es quizá uno de los ministerios más incomprendidos de todos los tiempos. El ministerio del quebrantamiento es un ministerio de entrega, devoción pura y abnegación por la causa de Cristo.

Lo opuesto a un ministerio de quebrantamiento, probablemente sería un mensaje que propaga bendición sin seguir un principio, una resurrección sin tener que morir primero, prosperidad sin ascendencia espiritual y cosechar sin sembrar.

A medida que comparto el valor del quebrantamiento, algunas personas se alejan de este tipo de mensaje.

Capítulo 8: ¡El Ministerio del Quebrantamiento!

He compartido con hermanos y hermanas en Cristo, con pastores y líderes, sobre el adoptar el ministerio que Jesús camino aquí en la tierra, donde fue rechazado por la religión tradicional, egoístas, seguidores y discípulos somnolientos y desconectados.

¿Qué tiene el ministerio del quebrantamiento que lo hace tan poco atractivo para los cristianos en general? ¿Por qué el rechazo de este estilo de vida ordenado por Dios? He escuchado a algunos creyentes decir que el ministerio de los quebrantados es realmente una visión negativa de lo que significa caminar con Jesús. ¡Siento diferir!

Una vez escuché a una persona decir *"Si Jesús ya pagó el precio por mí, ¿por qué tendría que pagar ese precio? ¡Debería estar divirtiéndome, divirtiéndome, divirtiéndome!"*

Tan infantil como suena el punto de vista, muchos

Capítulo 8: ¡El Ministerio del Quebrantamiento!

movimientos lo han abrazado. El hombre a creado muchos diferentes puntos de vista en cuanto a doctrinas: Entre estos esta el mensaje de la prosperidad, el mensaje de religion fácil, el mesaje de 'confiesalo y lo tendras,' y otros mensajes pervertidos que *deslumbran* al hombre carnal.

Permítanme decir esto y sacarlo de mi pecho: Personas a las que no les gusta el ministerio del quebrantamiento, son probablemente personas que no entienden lo que realmente es el ministerio del quebrantamiento. Sé que el ministerio del quebrantamiento envía escalofríos por la espina dorsal de cada cristiano carnal. Este tipo de ministerio hace al cristiano sacudirse. ¡Sea Dios veraz y todo hombre un mentiroso!

¡Dios nos está llamando a un ministerio provocado por Su poder, Su presencia y Su propósito!

Cristo, el Modelo del Quebrantamiento

Capítulo 8: ¡El Ministerio del Quebrantamiento!

"Les dijo, pues, Jesús: Cuando hayáis levantado al Hijo del Hombre, entonces conoceréis que yo soy, y que nada hago por mí mismo, sino que según me enseñó el Padre, así hablo. Porque el que me envió, conmigo está; no me ha dejado solo el Padre, porque yo hago siempre lo que le agrada." (San Juan 8:28-29)

Déjeme comenzar diciendo que el ministerio del quebrantamiento fue ejemplificado por Cristo, cuando afirmó Su relación con el Padre, y confirmó que toda su intención de estar aquí en la tierra era complacerlo.

Jesús fue muy claro sobre lo que hizo. La plenitud de su vida llegó cuando obedeció. Nunca pasó tiempo solo separado del Padre. Jesús se convenció de la idea de que el Padre era el líder, y que él seguía el corazón y los deseos del Padre.

Debido a que Jesús era un hombre que seguía al Padre y el Padre podía confiar plenamente en Él,

Capítulo 8: ¡El Ministerio del Quebrantamiento!

Jesús solo hablaba y enseñaba lo que el Padre depositaba en Él. No es de extrañar que Jesús dijera: "¡Yo no hago nada por mí mismo!"

Estaba siendo guiado en cada parada del camino.

Además, Jesús dijo: "El padre no me ha dejado solo".

¿Cómo es que Jesús estaba seguro de esto? ¿De dónde obtuvo este tipo de confianza para hablar con tanta valentía como lo hizo? Bueno, Jesús estaba convencido de que nunca estaba solo. ¿Por qué se sintió tan cerca de Dios? Aquí está la respuesta: Jesús dijo: "Siempre hago las cosas que le agradan".

¡Ajustando Nuestro Corazón Desde el Principio!

Cuando sepa lo que Cristo es en usted, y cómo Él desea gobernar y dirigir sus pasos, cuando

Capítulo 8: ¡El Ministerio del Quebrantamiento!

esto se convierta una realidad para usted, entonces no querrá hacer nada por su cuenta sin Su liderazgo.

Si ponemos nuestro corazón en hacer siempre aquellas cosas que le agradan a Él como una prioridad de por vida primero, entonces nunca estaremos solos.

Un Aceite Muy Costoso

"Pero estando él en Betania, en casa de Simón el leproso, y sentado a la mesa, vino una mujer con un vaso de alabastro de perfume de nardo puro de mucho precio; y quebrando el vaso de alabastro, se lo derramó sobre su cabeza." (San Marcos 14:3)

En esta historia, nos encontramos con una mujer que tenía un frasco de nardo muy caro. Por lo general, nadie utiliza eso por cualquier ocasión. Este perfume se solía utilizar para el día de la

Capítulo 8: ¡El Ministerio del Quebrantamiento!

boda de una mujer. Por lo tanto, no solo era caro, sino que también estaba reservado para un día muy especial en la vida de una mujer.

¡Cuando ella miro a Jesús, quebró el frasco y derramo todo el aceite que tenía sobre Jesús! Wow. ¿Qué nos muestra esto a ti y a mí? Nos muestra que no importa lo costoso que sea el frasco exterior, primero debe romperse, antes de que podamos verterlo sobre alguien.

En este caso, Jesús era el recipiente de este aceite costoso.

Si la mujer hubiera dicho, quiero darle mi costoso perfume a Jesús, pero no quiero romper el frasco, ¡entonces verter aceite en la cabeza de Cristo sería casi imposible!

Dios nos está llamando a quebrantar nuestra carne, para que Su espíritu pueda fluir a través de nosotros y entrar en un mundo que necesita

Capítulo 8: ¡El Ministerio del Quebrantamiento!

el dulce aroma del amor de Cristo.

"Y hubo algunos que se enojaron dentro de sí, y dijeron: ¿Para qué se ha hecho este desperdicio de perfume? Porque podía haberse vendido por más de trescientos denarios, y haberse dado a los pobres. Y murmuraban contra ella. Pero Jesús dijo: Dejadla, ¿por qué la molestáis? Buena obra me ha hecho." (San Marcos 14:4-6)

¡Me parece interesante cuánto odia el diablo el ministerio del quebrantamiento! El enemigo usará todo lo que esté en su poder para evitar que seamos quebrantados por Cristo. Infundirá miedo, duda, incredulidad, etc.

Hará que cualquier creyente lo piense dos veces antes de dejar ir su vida y confiar plenamente en Jesús. ¡Él le dirá repetidamente y hará hincapié en cuánto perderá si se entrega completamente a obedecer al Señor y negarse a sí mismo!

Capítulo 8: ¡El Ministerio del Quebrantamiento!

¡El enemigo siempre le dará otras ideas (carnales), para que podamos apoyar a los demás sin tener que regalar nuestros productos, obsequios o sacrificios más costosos!

¡El Enemigo Lo Sabe!

Para cerrar este capítulo, por favor escuche a mi corazón en esto: El enemigo sabe lo que viene y tiembla. ¡Es tiempo que usted tambien se de cuenta de lo que esta sucediendo a su alrededor.

El enemigo sabe que si despertamos a esta realidad de ser quebrantados y derramados, ¡el enemigo sabe muy bien que quedara destruido!

¡No coopere con el enemigo amando su vida más de lo que ama a Jesús! Eso es lo que quiere el enemigo. ¡Permita que Dios lo quebrante y lo use para Su gloria!

Capítulo 9

¡El Don de la Fe Desatada!

En este capítulo, me gustaría resaltar el elemento que hace a Dios tan real para el corazón humano; y también la conexión que podemos tener con Él para realizar actos sobrenaturales en el mundo en el que vivimos.

En muchos círculos cristianos de hoy, incluso en las principales denominaciones, se habla y se predica sobre el don de la fe, pero para ser honesto usted, esta fe viene con una visión impotente de lo que Dios puede hacer a través de sus siervos.

En otros casos, el don de la fe se lleva al otro extremo, al extremo opuesto. Por ejemplo, en muchos círculos carismáticos, he visto creyentes tratando de nombrar y reclamar cosas que ¡no existen!

Capítulo 9: ¡El Don de la Fe Desatada!

Cuando se intenta corregir algunas de estas opiniones extremas de fe y el sensacionalismo que las acompaña, se ofende a la gente. Algunas personas han creado doctrinas a partir de experiencias únicas o, peor aún, han creado puntos de vista dogmáticos sobre el tema de la fe al sacar las Escrituras de contexto.

Como siervo del Señor, y como alguien que anhela, ser usado por Dios de maneras sobrenaturales, permítanme compartir mi opinión sobre el don de la fe.

¡La Fe Es!

AHORA LA FE es la certeza (la confirmación, el título de propiedad) de las cosas que (nosotros) esperamos, siendo la prueba de las cosas (que) no vemos y la convicción de su realidad (la fe que percibe como un hecho real lo que no es revelado a los sentidos)" (Hebreos 11:1 -*Biblia Amplificada*)

Capítulo 9: ¡El Don de la Fe Desatada!

Con mucha frecuencia hemos leído este versículo en Hebreos 11:1, y simplemente imaginamos que la fe es una emoción sobrenatural que viene sobre el creyente para hacer cosas sobrenaturales, o que la fe es algo tan divino, que solo algunos pocos son los seleccionados y logran este tipo de fe.

Aquí hay un poco de lo que he experimentado al caminar en el poder de Dios. Cuando se trata de fe y su impartición, un título de propiedad es una ilustración figurativa de lo que se compara con la fe.

Cuando el Señor nos habla, ya sea a través de un sueño o palabra profética, o incluso a través de un profeta de Dios, la transferencia de esa palabra debe hacerse como una transacción de una cosa o una promesa.

La promesa tiene un título de propiedad adjunto. Si Dios le dice que va a recibir un auto nuevo en

Capítulo 9: ¡El Don de la Fe Desatada!

aproximadamente un año, junto con esa promesa, recibirá la seguridad o la confianza profunda en su espíritu de que sucederá.

¡Sucederá! En otras palabras, Dios le acaba de dar el título de propiedad de esa promesa. ¡Y va a suceder!

¡La Fe Que Viene de Dios!

"Y pasando por la mañana, vieron que la higuera se había secado desde las raíces. Entonces Pedro, acordándose, le dijo: Maestro, mira, la higuera que maldijiste se ha secado. Respondiendo Jesús, les dijo: Tened fe en Dios. Porque de cierto os digo que cualquiera que dijere a este monte: Quítate y échate en el mar, y no dudare en su corazón, sino creyere que será hecho lo que dice, lo que diga le será hecho." (San Marcos 11: 20-23)

En estos versículos de San Marcos, nos encon-

Capítulo 9: ¡El Don de la Fe Desatada!

tramos a Jesús realizando otro milagro - esta vez seca una higuera. Jesús maldijo este árbol el día anterior y se secó durante la noche. A esto Pedro se asombró y dijo "Maestro, mira, la higuera que maldijiste se ha secado. Al comentario de Pedro, Jesús simplemente respondió: "Ten fe en Dios".

La interpretación correcta en sus manuscritos originales significa tener la fe DE Dios, no EN Dios. ¡Este intercambio de palabras marca la diferencia en el mundo!

Muchos estudiosos creen que la palabra fue traducida de sus escritos originales, el lenguaje del contexto real. Por lo tanto, es incorrecto decir: "Ten fe en Dios". La redacción correcta debería ser: *"Ten la fe DE Dios".*

Así que lo que Jesús está diciendo literalmente aquí es, Pedro, ten la fe de Dios en ti, y moverás montañas. Si usted no duda en su corazón pero

Capítulo 9: ¡El Don de la Fe Desatada!

cree que las cosas que dice se harán, tendrá todo lo que diga.

¡La Fe De Dios Viene Solo De Dios!

No se le ocurra andar y confesar que Dios le dio algo, cuando, en realidad, ¡Dios nunca le dijo nada! Creer en algo hablándote repetidamente a ti mismo de ello, no es más que un tipo de fe metafísica; es un tipo de fe, anímico o carnal; nació dentro de ti por tu propio genio y no por el Espíritu Santo. Este tipo de fe no es la fe de Dios. Ésta es una fe egoísta que se usa habitualmente para beneficio personal.

La fe de Dios es única en el sentido de que es Dios quien te la da. Cuando Dios decide sanar a alguien a través de ti, Él liberará esta fe en ti y tú irás en Su nombre y sanarás al individuo enfermo, sin error. ¡Ellos sabrán que fue Dios quien entró en la habitación y realizó el milagro!

Capítulo 9: ¡El Don de la Fe Desatada!

¡Tú Sabes Lo Que Sabes!

"Así que la fe viene del oír; y el oír, por medio de la palabra de Dios". (Romanos 10:17)

Al moverse en el don de la fe, uno siempre debe estar atento a los muchos dispositivos que usa el enemigo para engañar incluso a los hijos de Dios más ungidos.

Ahora la Escrituras que quiero utilizar para ampliar aún más su comprensión sobre el tema, es la siguiente: "Así que la fe viene del oír; y el oír, por medio de la palabra de Dios".

La fe se despierta cuando escucha la voz de Dios, una palabra de Dios. Cada vez que el Espíritu de Dios se conecta con su propio espíritu, la fe se activa con las palabras de Dios. ¡Es electrizante!

Cuando Dios habla a nuestro corazón, sabemos

Capítulo 9: ¡El Don de la Fe Desatada!

que sabemos que es la palabra de Dios. Hay una transferencia espiritual que toma lugar cuando Dios habla; ¡Es casi como si estuviéramos recibiendo un título de propiedad de un terreno o un automóvil!

Nuestro próximo paso sería obedecer la instrucción, como ha sido establecida por el Espíritu Santo.

¡Cuidado Con La Presunción!

Antes de cerrar este capítulo de fe. Déjame decirte esto. ¡No llamemos fe a algo que no es fe! Estemos atentos para no salir por fe y caer en un pozo profundo de dolor, todo porque no obedecimos al Espíritu Santo. Y de hecho, ¡solo nos obedecíamos a nosotros mismos por el bien de nuestra conveniencia!

No llamemos a todo como *si fuera algo* de Dios, hasta que sepamos verdaderamente que nuestra

Capítulo 9: ¡El Don de la Fe Desatada!

experiencia de fe, vino de Dios y no de nosotros. No seamos culpables de acomodar nuestro estilo de vida para nuestra propia conveniencia y ganancia y atrevernos a decir, ¡Jesús me dijo!

Hay mucha presunción que reemplaza a la fe real. La presunción es algo que tratamos de razonar sobre la existencia, mientras que la verdadera fe solo la da Dios al hombre interior. Nosotros, como seres humanos, somos muy inteligentes y por lo tanto, sentimos que nuestro sentido común siempre es correcto.

En la fe real, nuestros corazones son los destinatarios. Una vez que nuestro hombre interior capte lo que Dios le dijo, las montañas se moverán, sí, ¡se manifestarán milagros!

Recuerde siempre: La fe real solo puede venir de Dios y ser depositada por Dios en nuestro espíritu.

Capítulo 10

!Poder Atómico!

"Pero, cuando venga el Espíritu Santo sobre ustedes, recibirán poder y serán mis testigos tanto en Jerusalén como en toda Judea y Samaria, y hasta los confines de la tierra." (Hechos 1:8)

Para ser una fuerza poderosa para Dios en el mundo en el que vivimos, Su poder debe estar presente en nosotros. Esto no es suficiente para ser salvo- Necesitamos algo, más poderoso que palabras o una experiencia; ¡Necesitamos el poder de Dios dentro y fluyendo de nosotros hacia el mundo!

A menos que uno esté dispuesto a ser testigo (que en griego se traduce como mártir) y dispuesto a morir por la causa de Cristo, uno siempre luchará por agradar a Dios en cualquier nivel.

Capítulo 10: ¡Poder Atómico!

Siempre debemos estar dispuestos a agradar a Dios. Recuerde: Él no solo es nuestro Salvador, sino también nuestro Señor y Rey. Nosotros los que creemos, ¡somos parte de un reino que no puede ser conmovido!

En sus momentos de oración, siempre pida a Dios que lo llene con Su Espíritu y con la evidencia de hablar en otras lenguas. ¿Por qué no llenarse de todo lo que Dios tiene para usted? Dios sabía que usted y yo necesitaríamos todos sus dones para librar la buena batalla.

El Poder del Ayuno y La Oración

Recientemente pasé cuarenta días ayunando y orando. ¿Qué estaba buscando? ¿Por qué el sacrificio? ¿Por qué pagar un precio tan alto por negarme a mí mismo los manjares de la vida común y prestarme al Señor a un nivel tan alto? ¿Por qué quisiera alguien ayunar durante tanto tiempo?

Capítulo 10: ¡Poder Atómico!

Todas estas son preguntas que me hice a mí mismo, mientras me entregaba a la oración y al ayuno durante todos estos días.

Fue un gran desafío por decir lo menos, pero déjeme decirle que pasar cuarenta días sin comer no es algo fácil de hacer. De hecho, todos los días luchaba contra la tentación de volver a la vida normal y olvidarme del ayuno.

Extrañar la dulce comunión con el pueblo de Dios, perderme los pasteles de cumpleaños, deliciosos desayunos, almuerzos y cenas con amigos, por nombrar algunas cosas me desafiarían. El deseo de volver a la vida normal y simplemente disfrutar de la rica bendición de Dios y vivir bajo Su gracia y favor sonaba mucho mejor.

Es fácil justificar por qué no deberíamos ayunar.

Siempre podemos encontrar cien razones por las que no debemos ayunar o ayunar cuando el

Capítulo 10: ¡Poder Atómico!

Señor nos dice que lo hagamos. Todas estas excusas son buenas, pero ¿Estas excusas te llenarán con el poder de Dios?

Una Motivación Piadosa: ¡Hambre de Más!

Estas son cosas por las que estoy muy agradecido: Estoy agradecido por las personas que hablan la palabra profética con precisión, por los siervos de Dios que oran por los enfermos y ven resultados. Tambien doy gracioas por los apóstoles dotados que establecieron un gobierno y establecieron nuevas iglesias, por el maestro que investiga la palabra de Dios y enseña con precisión el concilio de Dios en pleno, por el evangelista que todavía cree que el evangelio de las buenas nuevas que sigue siendo la respuesta para este mundo caído.

Entre las cosas por las que estoy agradecido están los siervos del Señor que sirven en la iglesia local amándose y orando unos por otros, por el

Capítulo 10: ¡Poder Atómico!

amor que se comparte entre ellos, por el cuidado y preocupación por los enfermos, el drogadicto, el huérfano y la viuda

Estoy lleno de gratitud por el avivamiento del pasado y por todos aquellos que ahora están orando por un poderoso avivamiento de Su gloria sobre nuestra nación y el mundo. Sí, mi corazón está agradecido por todos los movimientos de Dios que he podido experimentar en mi vida hasta ahora, pero...

¡Tengo hambre de mucho más en mi vida! Sé que mi vida ha sido llamada para mucho más, y no se me negará todo lo que Dios ha preparado para mí.

Ya sea que mi vida esté magullada y golpeada por las aflicciones de la vida, las pruebas, las adversidades, las atrocidades, los desafíos, los ataques o lo que sea que sea el caso, seré el centinela de Dios. Incluso si tengo que quedarme magullado y golpeado en mi puesto. ¡No dejaré mi puesto! ¡Me resisto a dejarlo! ¡No seré negado!

¡Jesús recibirá la recompensa de sus sufrimientos a través de mi vida! Pase lo que pase, le hago saber al diablo: ¡no dejaré mi puesto!

¡Es Hora de Poseer Tu Asignación!

En el libro *The Fasting Prayer* de Franklin Hall, que en mi humilde opinión, es uno de los mejores libros que he leído sobre el ayuno y la oración, el Espíritu Santo me enseñó algo muy valioso. Esto es lo que me dijo el Espíritu de Dios: *¡Siempre tendrás que luchar por la manera correcta de vivir!* Es hora de darse cuenta de que usted y yo nacimos con una misión.

Es hora de darse cuenta de que tú y yo nacimos para una misión. Dios planeó algo y luego nos eligió a ti y a mí. Tú y yo somos vasijas de Dios

Capítulo 10: ¡Poder Atómico!

para cumplir con Su misión.

Ahora, podemos realizar esa tarea con nuestra propia fuerza, sabiduría y habilidad, o podemos entrar en ella con humildad y rogarle a Dios por este poder atómico que vienen solo de Él para llevarla a cabo.

Muchas personas hacen grandes proyectos, logran grandes hazañas usando lo que tienen. Si esas personas se sienten bien consigo mismas por hacer las cosas a su manera, ¡bien por ellas! Esto es lo que yo sé, las tareas de Dios deben hacerse a la manera de Dios. La Escritura dice "Entonces respondí y me habló diciendo: Esta es palabra de Jehová a Zorobabel, que dice: No con ejército, ni con fuerza, sino con mi Espíritu, ha dicho Jehová de los ejércitos"(Zacarías 4:6).

Las personas que entienden que Dios les ha dado una misión, hacen todo lo que está a su alcance para alinearse con los deseos de Dios.

Capítulo 10: ¡Poder Atómico!

¡Ellos hacen todos los cambios necesarios para estar listos en caso de que Él los llame y los envíe a poseer la tierra!

Mi Perspectiva en Cuanto Al Ayuno y la Oración

Ahora mi punto de vista sobre el ayuno y la oración puede no ser el mismo que el suyo. He leído innumerables libros sobre el tema, y algunos los descarto. Van desde abusar de tu cuerpo con ayunos interminables de tiempo para que Dios pueda estar complacido, hasta ayunar y orar para que Dios te conceda lo que deseas.

Mi filosofía sobre el ayuno es muy simple: no comer durante veinticuatro horas constituye un día de ayuno. Tú decides cuántos días quieres hacer esto. No ayuno para obtener algo (un milagro, un automóvil, una casa, una curación, un gran avance, etc.) del Señor. Mi carne está sujeta a la voz de Dios. Una vez que escucho las instrucciones de Dios, puedo obedecerlas y ver

Capítulo 10: ¡Poder Atómico!

los resultados, ¡tal como Dios lo prometió! Nunca me ha gustado torcer el brazo de Dios para darme lo que quiero o necesito. Suena gracioso, ¡pero esto es exactamente lo que hace la iglesia en general! ¡Solo debemos ayunar para poner la mente y el corazón de Dios en la situación actual!

¿Que Es Poder Atómico?

Los resultados de una vida de ayuno y oración son inmensos. La recompensa por morir a uno mismo y prestarte a ser incendiado por el Espíritu de Dios es muy poderosa. ¿Dios realmente necesita mi ayuno para hacer su voluntad? Obviamente, ¡la respuesta es no! Pero necesitamos el ejercicio del ayuno debido a las tendencias naturales a caer en las obras de la carne. La seducción para caer en la mediocridad, la seducción para perseguir sueños terrenales, la tentación de transgredir los mandamientos de Dios, y la debilidad para complacerte a ti mismo, más que a Dios, ¡está siempre presente! Sí, ¡necesitamos ayunar más de lo que pensamos!

A medida que ayunamos de la comida, literalmente nos estamos negando a nosotros mismos; estamos muriendo de hambre o de carne y llevándonos a un estado de impotencia. Además, una cosa a tener en cuenta mientras ayunamos- sentiremos la debilidad en nuestro cuerpo debido a la falta de nutrientes. Los dolores de cabeza también acompañarán a un ayuno la mayor parte del tiempo. No se alarme. Siga presionando - Los dolores de cabeza eventualmente desaparecerán y la debilidad disminuirá a medida que encontremos fuerza en Dios.

El ayuno con oración no es solo negarnos a comer - también debemos buscar a Dios en la oración y en Su palabra. Estos ejercicios elevarán al hombre espiritual hacia Dios y nos llevarán ante Su presencia.

Capítulo 10: ¡Poder Atómico!

Si ayunamos sin orar, los resultados son solo una pérdida de peso. Si ayunamos de la comida e incluimos un tiempo de oración y meditación en la palabra de Dios, estaremos posicionándonos para recibir mayores revelaciones del Señor y el poder de obedecer a Dios en niveles mucho más altos. A medida que obedecemos a Dios bajo esta unción, el poder de Dios nos acompañará de mejores maneras.

Mis encuentros con Dios se han enriquecido profundamente con ayunos prolongados. He estado en los lugares celestiales innumerables veces y he experimentado el reino de Dios de formas que nunca había visto. Se ha revelado, aclarado y ampliado una mayor comprensión de Su misión para mi vida. También se han producido visitaciones del Señor, ángeles y poderes demoníacos. También ha habido muchas cosas que Dios no me ha permitido compartir.

Si usted ayuna y ora, usted descubrirá a medi-

Capítulo 10: ¡Poder Atómico!

da que avance en estos ejercicios prolongados, grandes revelaciones de Dios - ¡de esto puede estar seguro!

Capítulo 11

¡Que Se Haga Tu Voluntad Oh Señor!

Esto no se trata solo de mí.

"Y por todos murió, para que los que viven, ya no vivan para sí, sino para aquel que murió y resucitó por ellos." (2 Corintios 5:15)

Una de las más grandes filosofías para adoptar como nuevo creyente, un creyente restaurado o como un siervo hambriento del Señor, es nunca perder el sentido de que somos de Dios y que ¡no pertenecemos a nadie más!

El evangelio del reino de Dios no se trata solo de mí, se trata de la expansión de Su gloria hacia todas las personas de la tierra.

En la era que vivimos, debemos tener fuerte el sentido de pertenencia al Señor, que fuimos comprados por un precio, y no se lo venderemos a nadie ni a nada. ¡Nuestro compromiso con Jesús debe ser el centro de todo lo que pensamos, decimos y hacemos!

Otra filosofía a abrazar, es caminar siempre conscientemente en la voluntad de Dios. Esté preparado para seguir al Señor dondequiera que lo lleve. ¡Con esto quiero decir que seguimos sin reservas, sin remordimientos y sin retrocesos!

No busques la voluntad de Dios, ¡tu eres la voluntad de Dios! Donde sea que el Espíritu de Dios te lleve, ahí es donde Dios necesita que estés. Pase lo que pase en tu vida, ya sea bueno o malo, solo debes saber que el Señor ha permitido eso en tu vida para moldear y dar forma a tu propio carácter.

¿Qué Hay de Mis Enemigos?

"Ustedes han oído que se dijo: "Ama a tu próji-

Capítulo 11: ¡Que Se Haga Tu Voluntad Oh Señor!

mo y odia a tu enemigo" Pero yo les digo: Amen a sus enemigos y oren por quienes los persiguen para que sean hijos de su Padre que está en el cielo. Él hace que salga el sol sobre malos y buenos, y que llueva sobre justos e injustos." (San Mateo 5:43-45)

¿Qué pasa con esos enemigos malvados? ¡Esos son enemigos que la mano de Dios mueve contra nosotros para hacernos mejores siervos para Su gloria! ¡El Señor puede estirar nuestra fe, nuestra compasión, nuestra misericordia, nuestra neblina o nuestro amor al enviarnos adversidad injusta o injusta!

Podemos hacer el intento de reprenderlos en el nombre de Jesús, pero ¿no sería más prudente saber si el Señor está detrás de la adversidad o no? Demasiadas veces nos encontramos en guerra contra el Espíritu de Dios pensando que es una entidad demoníaca. ¡Debemos ser más sabios en nuestro caminar con Dios!

Capítulo 11: ¡Que Se Haga Tu Voluntad Oh Señor!

El Ministerio del Quebrantamiento

El ministerio del quebrantamiento tiene su filosofía en que nosotros, como siervos de Dios, permitimos que el Señor sea lo primero en todo. ¡Este estilo de vida encarna el pensamiento de que seguimos a Cristo sin importar a dónde vaya! Nuestro llamado es seguirlo, no importa cuán inconveniente sea para nosotros.

Casi suena como rebelde de alguna manera, ¡Pero el espíritu de Dios nunca nos llevaría a donde Dios no ha preparado provisiones para nosotros! A medida que el Señor nos guíe por Su Espíritu, se aclarará la confirmación de su liderazgo. No es una regla de orden. ¡Es una transición pacífica del avance divino de Dios!

Cuando Dios está liderando el camino, aquellos que están sobre nosotros en *autoridad espiritual* podrán apoyarnos en la transición que estemos pasando en nuestras vidas. ¡Asegúrese de estar

Capítulo 11: ¡Que Se Haga Tu Voluntad Oh Señor!

bajo un liderazgo piadoso bueno, sólido y bíblicamente equilibrado para guiarlo, cuando sea necesario!

¿Me Quedo O Me Voy?

En nuestro andar con Dios, habrá muchos desafíos. Algunos de estos desafíos serán tan difíciles de superar que, en ocasiones, ¡podría parecer más beneficioso renunciar por completo! ¿Ha tenido alguno de estos últimamente?

He tenido muchas batallas en mi caminar con Dios, como siervo de Dios, como ministro del evangelio, y como líder en Su iglesia. Demasiadas veces la gente me ha atacado, difamado, criticado, incluso me han odiado a mí y el trabajo que hago por alguna razón - ¡y no estoy seguro de por qué!

Aunque mi espíritu, alma y cuerpo han pasado factura, no daré marcha atrás.

Capítulo 11: ¡Que Se Haga Tu Voluntad Oh Señor!

¡He Tomado Una Decisión!

Hace años, cuando le di mi vida a Jesús, la iglesia a la que asistía solía tocar una antigua canción de alabanza a coro He decidido seguir a Jesús era el título. Es posible que lo haya escuchado. ¡Cuando cantaba esta canción, lo decía en serio! Aquí hay algunas estrofas . . .

He decidido seguir a Cristo,
He decidido seguir a Cristo,
He decidido seguir a Cristo,
No vuelvo atrás, no vuelvo atrás!

El Rey de Reyes, me ha transformado
El Rey de Reyes, me ha transformado
El Rey de Reyes, me ha transformado
No vuelvo atrás, No vuelvo atrás

La cruz delante, el mundo atrás
La cruz delante, el mundo atrás
La cruz delante, el mundo atrás
No vuelvo atrás, No vuelvo atrás

Capítulo 11: ¡Que Se Haga Tu Voluntad Oh Señor!

¡Servir a Jesús es un boleto de ida! Cualquiera que decida seguir a Jesús. Debería contar el costo primero; puede ser que no tenga la valentia para hacerlo. ¡Caminar con Jesús definitivamente no es para débiles!

Cuando Jesús dejó el cielo para venir a nosotros aquí en la tierra, calculó el costo. ¡Sabía que le costaría todo hacer el trabajo!

En el libro de Isaías 50:7, la escritura dice, "Porque Jehová el Señor me ayudará, por tanto no me avergoncé; por eso puse mi rostro como un pedernal, y sé que no seré avergonzado."

¿A quién se refería Isaías? Estaba haciendo referencia al Mesías. Más de setecientos años antes de que Cristo viniera a la tierra, el profeta Isaías vio esto en el espíritu; escuchó uno de los anhelos del corazón de Cristo, ya que sabía que enfrentaría oposición.

Capítulo 11: ¡Que Se Haga Tu Voluntad Oh Señor!

¡Poniendo Su Rostro Como un Pedernal!

De todos modos, ¿qué significa poner tu cara como un pedernal? Poner su rostro como un pedernal implica que estás esperando alguna oposición, para mantenerte firme frente a la adversidad. Poner la cara como un pedernal significa considerar que estas dificultades valen la pena cuando se considera a dónde lo conducirán.

A menos que en nuestro propio corazón nos hayamos rendido completamente a Jesús (y con esto, me refiero al nivel del martirio, uno siempre luchará por agradar a Dios), por favor, hágase un gran favor y calcule el costo. ¡Hagalo para que luego no quede en vergüenza!

Al cerrar este capítulo, recuerdo otro himno que revolucionó mi idea de lo que significa servir al Dios Viviente.

Capítulo 11: ¡Que Se Haga Tu Voluntad Oh Señor!

En el himno escrito a principios de la década de 1900, titulado Haz tu propio camino, el escritor expresa una pasión tan ardiente por agradar a Dios en todas las cosas. Ser como arcilla en la mano del alfarero es el clamor definitivo. Escuche algunos de los versos . . .

¡Has Tu voluntad Señor! ¡Has Tu Voluntad!
Tú eres el alfarero Yo soy el barro.
Moldea y hazme según Tu voluntad;
Mientras estoy esperando cedido y quieto.

"Pero la vasija que estaba modelando se le deshizo en las manos; así que volvió a hacer otra vasija, hasta que le pareció que le había quedado bien. En ese momento la palabra del Señor vino a mí, y me dijo: «Pueblo de Israel, ¿acaso no puedo hacer con ustedes lo mismo que hace este alfarero con el barro? —Afirma el Señor—. Ustedes, pueblo de Israel, son en mis manos como el barro en las manos del alfarero." (Jeremías 18:4-6)

Capítulo 11: ¡Que Se Haga Tu Voluntad Oh Señor!

Mientras siga a Dios, tenga siempre presente esta filosofía: *Él es el Alfarero; Nosotros somos el barro.* ¡Este es la orden divina de Dios!

Capítulo 12

¡En Caso de Inundaciónes!

Me he tomado un tiempo para compartir algunos de los principios más poderosos para lograr la victoria en la vida del siervo de Dios.

Todos los capítulos de este manuscrito han sido escritos de una pasión pura por perseguir el corazón de Dios - El celo para profundizar en sus propósitos y encontrar la verdadera alegría al hacerlo.

Ya que estoy cerca del cierre de este libro, me gustaría agregar este último capítulo sobre *inundaciones: inundaciones espirituales.*

He leído cientos de libros en mi vida, y todavía tengo que leer un libro que contenga un capítulo sobre cómo superar el desánimo, la depresión, el miedo, la ansiedad, la culpa y la vergüenza, y las emociones incómodas o el sentimiento de pérdida, confusión y caos. ¿Sabe lo que quiero decir?

¿Quién dijo que los cristianos no pasan por la confusión? ¿Quiénes son los que dicen que ser cristiano es un simple paseo por el parque? ¿Dónde están los falsos profetas que dicen: Simplemente confiésalo y todo desaparecerá?

¡Es Solo Una Prueba de Fuego!

Antes de profundizar un poco más en nuestro capítulo, permítanme decirles que no todos los siervos del Señor pasan por *inundaciones espirituales*. Algunos simplemente experimentan un pequeño *dardo* de fuego que viene del enemigo y nada más.

Por lo general, los dardos de fuego son para aquellos que están en un estado infantil con Jesús; están experimentando las pruebas bási-

Capítulo 12: ¡En Caso de Inundaciones!

cas de la vida que se nos presentan a medida que aprendemos a obedecer a Cristo. El apóstol Pedro dijo esto con respecto a estas pruebas: "Amados, no os sorprendáis del fuego de prueba que os ha sobrevenido, como si alguna cosa extraña os aconteciese." (1 San Pedro 4:12)

Las pruebas de fuego son adversidades y aflicciones que se padecen a diario. Nada realmente difícil, pero quizás un poco desafiante aún. Por lo general, podemos orar y vencerlos asegurando nuestra fe y confianza. Puede que la noche oscurezca, pero tenemos la seguridad de que pasará y la mañana llegará pronto. Normalmente, todos prevalecemos cuando nos enfrentamos a pruebas ardientes.

¿Y Que de las Inundaciones Espirituales?

¿Qué es un diluvio espiritual? ¿Cuál es la magnitud de tal prueba? Las inundaciones son métodos intensos usados por Dios para derribar a

Capítulo 12: ¡En Caso de Inundaciones!

un hombre o una mujer. Se usa para hacer que uno se dé cuenta de que no es más que polvo. A menos que uno se dé cuenta de esta realidad, la inundación nunca disminuirá.

Los hechos son los hechos: Dios supervisa nuestras vidas, pero a veces puede permitir que el diablo se salga con la suya. Recuerde, el diablo está atado. ¡No se le permitirá ir más allá de lo que Dios quiere!

Una porción interesante de la palabra de Dios dice: "Dios levantará un estandarte contra él (el enemigo)."

En otras palabras, cuando el enemigo entra como un diluvio (no un dardo de fuego), el Espíritu del Señor levantará un estandarte contra él. ¿Qué significa esto?

Lo que esto significa es que cuando estás siendo inundado por el enemigo, Dios, con Su fuer-

Capítulo 12: ¡En Caso de Inundaciones!

za, sacará al enemigo de tu vida. ¡Él entrará en tu situación y te llevará en alas de águila!

Usted y yo hemos pasado por pruebas diferentes y variables. Algunas han sido muy desafiantes y otras extremadamente desafiantes. Han venido en oleadas y a veces como avalanchas. Aún en todas estas cosas, el Señor nos ha sostenido. ¡Nos hemos convertido en mejores siervos de Dios por esto!

¿Cómo Luce Una Inundación?

Desánimo. Creo que todo el mundo ha enfrentado el desánimo en su vida. Algunos de ellos se han superado fácilmente, pero hay otro tipo que se aferra a nosotros hasta que nuestra vida espiritual se paraliza. Conocí a un hombre que pasó por un severo desánimo hace unos años; el hombre no pudo evitarlo hasta que lo paralizó. Era un siervo del Señor y tenía un ministerio muy poderoso. Él lo sabía, pero el diablo también lo

Capítulo 12: ¡En Caso de Inundaciones!

sabía. El diablo lo atacó una y otra vez; el enemigo inundó su mente con desesperación, ¡y lo abandonó todo! Creo que este hombre cumplió su hora de prueba: su propio diluvio espiritual.

En los primeros años de mi propio ministerio, yo también enfrenté una inundación espiritual. Fue tan severo que casi me costó mi ministerio. Mis asociados fueron una pareja que prometió ser fiel a nuestro ministerio y fueron de gran ayuda al principio, hasta que decidieron dividir la iglesia y convencieron a la gente que los siguiera a ellos. La gente los siguió fuera de nuestra iglesia y fracturó el trabajo por el que habíamos trabajado tan duro. Como pastor joven, estaba devastado. No quería continuar más y decidi por dejar el ministerio. Apenas había tomado esta decisión cuando me llegó la voz audible de Dios. El Señor me dijo: *David, volverás a soñar. Esto no ha terminado. Yo te estableceré. ¡No te rindas!*
¡Fue la voz de Dios lo que me salvó de renunciar! Él hará lo mismo por ti, solo espera en el Señor, y

Capítulo 12: ¡En Caso de Inundaciones!

nuevamente, te lo digo: ¡Espera en el Señor!

Oprimido Por el Diablo. Cuando cometemos una transgresión contra el Señor, el primero en señalarla es el mismo diablo. ¡Él te llamará por cualquier delito!

Yo creo que si uno camina en falta de perdón, en rebelión contra Su autoridad, en total desobediencia a la voluntad conocida de Dios, ¡uno siempre se sentirá oprimido por el enemigo! Se aprovecha de nuestras debilidades y hace todo lo posible por mantenernos deprimidos poniendo su pie en nuestro cuello.

El diablo es un *buen* diablo en lo que hace. Sabe que los creyentes caen constantemente en la culpa y la condenación, por eso se aprovecha de esto. El sentimiento de no poder nunca estar a la altura de las reglas de Dios es algo con lo que el diablo atormenta a los hijos de Dios. ¡Él trae la idea de que somos seres humanos miserables

Capítulo 12: ¡En Caso de Inundaciones!

que nunca nos unimos!

Aunque esto puede ser cierto y aunque su llamamiento también es cierto, y somos culpables de todos los cargos, Dios todavía puede hacernos estar firmes y presentarnos santos e irreprochables en el regreso de Cristo.

Cuando sentimos que nos inundan constantemente pensamientos de derrota y la introspección interminable de nuestras almas no acaba, amigo mío, estamos siendo oprimidos por el enemigo.

Mi consejo es: Lávate en Su sangre, confiesa todos tus pecados a Dios, y entra en Su perdón por fe. Y solo así, ¡el diablo huirá!

Temor. ¿Has sentido miedo alguna vez? Estoy seguro de que lo has sentido. Todos hemos tenido miedo. Sin embargo, existe un miedo que también paraliza nuestro avance. El mie-

Capítulo 12: ¡En Caso de Inundaciones!

do es verdaderamente una trampa demoníaca para evitar que usted y yo avancemos hacia el propósito de Dios. Una vez escuché a un hombre decir que los últimos 15 segundos del miedo fueron los más difíciles.

La fe es lo opuesto al miedo. La Escritura dice que el amor perfecto desecha todo temor. Si creemos en Dios y tenemos la fe para creer que Dios nos guardará, entonces avanzaremos. Si no tenemos fe, el miedo se instalará y paralizará nuestro avance.

Demasiados de nosotros hemos estado paralizados por el miedo en innumerables áreas durante demasiados años. Podemos superar las pruebas simples, pero existen esas pruebas que odiamos enfrentar simplemente porque no podemos superarlas. ¡Es hora de levantarse en la fe de Dios y cruzar el río Jordán hacia nuestra Tierra Prometida!

Capítulo 12: ¡En Caso de Inundaciones!

Culpa y Vergüenza. ¡La culpa y la vergüenza son emociones que nos hacen sentir como perdedores! ¿Te has sentido como un perdedor últimamente? Tal vez has cometido una transgresión y te sientes extremadamente culpable. El enemigo intentará recordarte que no has sido perdonado por la sangre de Jesús y que aún eres culpable de lo que has hecho. ¿Ha experimentado esto?

Déjeme decirle que: hay un tipo de culpa y vergüenza que se apodera de nosotros cuando hemos transgredido una o más de las leyes de Dios. La culpa y la vergüenza son señales para nuestra conciencia de que hemos agraviado a Dios y a los demás. Peor aún, hay una cierta culpa y vergüenza que no nos deja en paz; se profundiza en nuestro espíritu y nos hace dudar del perdón de Dios. En este punto, hemos entrado en duda y sentimos el rechazo de Dios. Aunque no hemos sido rechazados, el diablo nos dice que sí. El diablo usualmente interviene y nos

Capítulo 12: ¡En Caso de Inundaciones!

dice: No estás perdonado, todavía estás en tus pecados, ¡Dios te castigará por ello!

Amigos míos, permítanme decirles que la culpa y la vergüenza se aferrarán a nosotros hasta que no nos hundamos en el poder redentor de la sangre de Jesús. Una vez que estemos cubiertos por Su sangre preciosa, la culpa y la vergüenza deben desaparecer. Si no funciona de inmediato, eventualmente lo hará. Aférrate al acto de fe que hiciste cuando pediste perdón, la emociónes vendrán después.

Noches de Confusión. En noches de confusión, la lucha tiene que ver con no saber o entender lo que pasa en ti y a tu alrededor. De hecho, este método que se utiliza para probar nuestro carácter, ¡debe ser una de las más difíciles de todas las pruebas! Creo que Dios nos permitirá pasar por diferentes pruebas, pero aquellos que quieran ser siervos de Dios, tendrán que enfrentar el diluvio con noches de confusión.

Capítulo 12: ¡En Caso de Inundaciones!

¿Cómo se ve esto realmente? Bueno, para empezar, Job estaba tratando de controlar todo lo que le estaba sucediendo. Buscó descanso en el Señor, ¡pero ni siquiera pudo encontrarlo! ¿Qué tal eso para una prueba real? ¡Aquel que te hizo y te conoce mejor que cualquier ser humano, ni siquiera está presente!

¿Ha tenido noches en las que se siente completamente solo? ¿Noches donde los que más le aman ni siquiera tienen una respuesta para usted? Hace el esfuerzo de intentar cambiar la situación, pero todo lo que obtienes no es más que silencio, un silencio absoluto. De esto es de lo que estoy hablando. Si ha pasado por algo de esto, ¡entonces se enfrenta a la inundación de la que hablo!

¿Qué hace cuando se enfrenta a noches de confusión? Aprende a sobreponerse a la tormenta. Superelo quedándose; no intente ni haga nada extremo. Permita que la noche le enseñe a es-

Capítulo 12: ¡En Caso de Inundaciones!

perar en la fidelidad de Dios. La Escritura dice que "... el llanto puede durar una noche, pero el gozo llega por la mañana". (ver Salmo 30: 5b)

¡Agárrate del borde de Su manto! (Ver San Mateo 9:20-21) ¡Tu liberación viene pronto! (ver San Lucas 18:1-8).

Muchas Más Inundaciones ...

La lista que les presenté en este capítulo final de lo que creo que son inundaciones, no son las únicas inundaciones que se nos presentan. Hay muchos más.

Recuerde, todas estas inundaciones que se nos presentan están destinadas a exprimirnos la miel. No se dan para que puedan matarnos, aunque algunas veces lo parezca. Pero se dan para otro tipo de muerte : ¡morir a uno mismo! Recuerde las palabras tipográficas de Juan el Bautista: "Él debe crecer, yo debo disminuir".

Capítulo 12: ¡En Caso de Inundaciones!

(San Juan 3:30)

Mi Pensamiento Final: ¡Dios Es Mas que Capaz de Hacernos Estar Firmes!

Permítanme decirles mientras termino mi manuscrito, no importa lo que estén enfrentando en su vida hoy, les digo, ¡Dios puede hacer que se pongan de pie! No hay tormenta tan fuerte que Jesús no pueda apagar; no hay falla que Dios no pueda revertir; no hay pecado tan perverso que Dios no pueda perdonar; ¡No hay angustia emocional tan profunda que Dios no pueda transformar con Su gran poder!

He servido al Rey Jesús durante más de treinta y cinco años, ¡y aún no he experimentado fallas provenientes de Él! Él es fiel y se mantendrá fiel hasta el final.

Si te caes, ¡vuelve rápido a levantarte! Nunca es cuántas veces te caes, es qué tan rápido te

Capítulo 12: ¡En Caso de Inundaciones!

levantas y continúas tu viaje. Manténgase fiel en su viaje sin importar cuán largo, seco, desafiante, solitario, inconveniente, aislado y desgarrador pueda ser.

Si estás experimentando alguna de estas cosas que acabo de mencionar, entonces espera en el Señor hasta que venga Su misericordia. Escuche lo que nos dejó el gran salmista:

"A ti que habitas en los cielos, alzo mis ojos. He aquí, cómo los ojos de los siervos miran la mano de sus señores, y como los ojos de la sierva, la mano de su señora, así nuestros ojos miran a Jehová, nuestro Dios, hasta que tenga misericordia de nosotros." (Salmos 123:1-2)

Para la Compra de Mas Libros Escritos
por David Mayorga

Visite nuestra pagina:

www.shabarpublications.com

www.ingramcontent.com/pod-product-compliance
Lightning Source LLC
Chambersburg PA
CBHW071418070526
44578CB00003B/606